© SCHMID R

Cascade au Shaw Park, jardin botanique.

PENSE FUTÉ

Aéroport international de Sangster
Montego Bay
Falmouth
Lucea
Montego Bay
Hopewell
Bogue
Granville
Adelphi
Rock
Duncans
Rio Bueno
Runawa
Runa
Cousins Cove
A1
HANOVER
Reading
Johns Hall
Wakefield
Etingdon 283 m
Clarks Town
Discovery Bay
Browns T
Green Island
B9
Cacoon Castle 477 m
Anchovy
ST. JAMES
TRELAWNY
Stewart Town
March Town
Dolphin Head 544 m
Birches Hill 550 m
Great R.
Montpelier
B8
Booby Kay
The Great Morass
Ramble
B7
Cambridge
Ulster Spring
Alexandria
Long Bay
Moreland 279 m
Grange Hill
Bethel Town
Albert Town
Negril
Frome
WESTMORELAND
C O R N W A L L
Warsop
Wait-A-Bit
B9
Troy
Cave Valley
West End
Little London
A2
Petersfield
B6
Elderslie
Savanna-la-mar
Darliston
Mount Denham 985 m
St John's Pt
Blackwood 697 m
Appleton
Balaclava
Christiana
Spaldings
Bluefields
Newmarket
Maggotty
Siloah
MILE GULLY
Crack Pond Pt
ST. ELIZABETH
Upper Morass
Mile Gully
Cobblers
Franck
Huntley Hill 954 m
MT.
Williamsfield
M I D
Whitehouse
Lacovia
Middle Quarters
Santa Cruz
Thompson T
The Great Morass
A2
Mandeville
Porus
Black River
CRUZ
Spur Tree
MANCHESTER
Luana Pt
Mountainside
Malvern
Knockpatrick
The Great Morass
Nain
Rose Hill 843 m
MAY DAY MOUNTAINS
B12
Parottee Pt
Junction
Cross Keys
Treasure Beach
Southfield
Bull Savanna
Alligator Pond
Rest
Frenchman's Bay
Old Womans Point

OCÉAN ATLANTIQUE
Etats-Unis
Bahamas
Cuba
République Dominicaine
Haïti
Porto Rico
Jamaïque
Honduras
MER CARAÏBE
Nicaragua
Costa Rica
Panamá
Colombie
Venezuela
Trinidad et Tobago

BIENVENUE EN JAMAÏQUE !

© MIKKM

Vue sur la baie de Port Antonio.

Cette île nichée au sud de Cuba, en pleine mer des Caraïbes, est malheureusement trop peu connue pour ses atouts. Caricaturée par l'imaginaire collectif, la Jamaïque est loin de ressembler à ce que certains Européens imaginent. Certes, la culture du reggae est partout, touche toutes les classes d'âge et les basses lourdes des *sound systems* résonnent tous les soirs dans les villes et villages de l'île. Certes, vous flirtez avec la culture rasta durant tout votre séjour, vous visitez des communautés et sentez les volutes de fumée chargées de *ganja* un peu partout où vous allez, mais vous découvrez un pays riche d'une culture unique et très fortement ancrée, des paysages extraordinaires et aux différents reliefs à l'image de ce joyau. Des Blue Mountains vertigineuses aux plages féeriques de Port Antonio, en passant par les falaises rocheuses de Treasure Beach, la Jamaïque est un pays de découvertes et d'émerveillement. On y déguste l'un des meilleurs cafés du monde, on se baigne dans des cascades d'eau limpide qui ruissellent à travers une forêt luxuriante... La devise de cette île de moins de 12 000 km² : *Out of many, one people*, soit « un seul peuple issu de nombreux peuples », résume à elle seule la diversité culturelle de ce pays si accueillant et généreux. Chaque paroisse possède son propre caractère et son propre patois, et beaucoup vous diront *Proud to be Jamaïcan !*, littéralement « fier d'être Jamaïcain », et vous salueront d'un vibrant *Yeah man !* de bienvenue.

© REPISTU – ISTOCKPHOTO.COM

La rivière White, Ocho Rios.

SOMMAIRE

DÉCOUVERTE

VISITE

Ocho Rios.

JAMAÏQUE

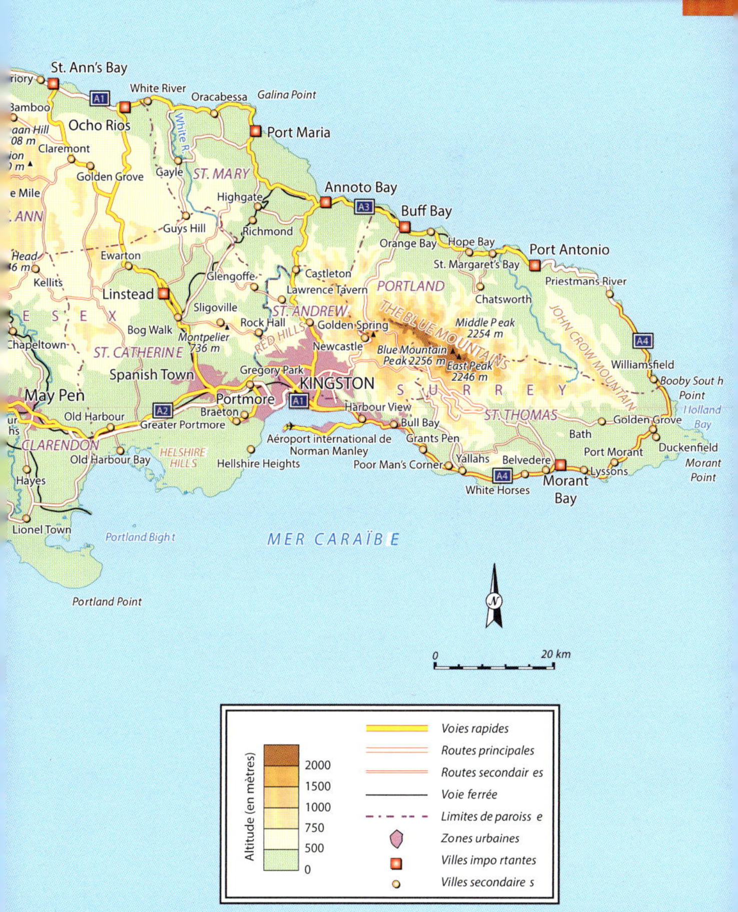

St. Ann's Bay
Bamboo
Ocho Rios
White River
Oracabessa
Galina Point
Port Maria
White R.
Claremont
Golden Grove
Gayle
ST. MARY
Highgate
Annoto Bay
Buff Bay
Guys Hill
Richmond
Orange Bay
Hope Bay
Port Antonio
St. Margaret's Bay
Ewarton
Kellits
Glengoffe
Castleton
Lawrence Tavern
PORTLAND
Priestmans River
Chatsworth
Linstead
Sligoville
ST. ANDREW
THE BLUE MOUNTAINS
JOHN CROW MOUNTAIN
Middle Peak 2254 m
Rock Hall
Golden Spring
Bog Walk
Montpelier 736 m
RED HILLS
Newcastle
Chapeltown
ST. CATHERINE
Blue Mountain Peak 2256 m
East Peak 2246 m
Williamsfield
Spanish Town
Gregory Park
KINGSTON
Booby South Point
May Pen
Portmore
SURREY
Holland Bay
Old Harbour
Braeton
Harbour View
ST. THOMAS
Golden Grove
Greater Portmore
Bull Bay
Bath
CLARENDON
Aéroport international de Norman Manley
Grants Pen
Port Morant
Duckenfield
Old Harbour Bay
HELSHIRE HILLS
Hellshire Heights
Poor Man's Corner
Yallahs
Belvedere
Lyssons
Morant Point
Hayes
White Horses
Morant Bay
Lionel Town
Portland Bight
MER CARAÏBE
Portland Point
A1
A2
A3
A4
N
0
20 km
Altitude (en mètres)
2000
1500
1000
750
500
0
Voies rapides
Routes principales
Routes secondaires
Voie ferrée
Limites de paroisse
Zones urbaines
Villes importantes
Villes secondaires

Le rafting jamaïcain, une activité incontournable.

DÉCOUVERTE

LES PLUS DE LA JAMAÏQUE

Une nature magnifique

La Jamaïque, « terre des forêts et des rivières », offre au voyageur en quête de paradis un Eden à la fois sauvage et accueillant. Avec quelque 120 rivières, 237 espèces d'orchidées dont 60 endémiques, 3 000 variétés de plantes à fleurs dont 800 indigènes, 200 espèces d'oiseaux dont 25 endémiques, des forêts tropicales humides intactes et forêts tropicales d'altitude, des montagnes, des collines à perte de vue, 80 espèces de papillons endémiques, des savanes sèches, des cactus, 550 espèces de fougères, des barrières de corail, et des centaines de variétés d'animaux marins, l'île est un véritable havre pour les amoureux de la nature.

Ponton sur Blue Lagoon.

L'océan pour horizon

Avec ses mille kilomètres de côtes, la Jamaïque est une destination idéale pour se jeter à l'eau. L'île offre une grande variété de paysages côtiers, depuis l'écrin de sable fin doré, bordant une mer turquoise et tiède, jusqu'aux côtes découpées par la fureur des vagues prêtes à accueillir surfeurs et véliplanchistes. La richesse de la faune marine fait par ailleurs de l'île un lieu rêvé pour la plongée sous-marine.

Le pays du reggae

Le reggae, grâce notamment au succès international de Bob Marley, a imposé la Jamaïque aux yeux du monde. Plus qu'une musique, le reggae et son dérivé moderne, le dancehall, font battre le cœur de l'île. La musique omniprésente dicte le rythme de toutes les activités du quotidien et irrigue chaque élément de la culture jamaïcaine.

Le paradis des golfeurs

C'est ainsi que le directeur du golf de Constant Spring à Kingston surnomme son île. Pas moins de 12 parcours dont quelques-uns des plus fameux sur une île tropicale grande comme la Corse. Celui de Tryall, par exemple, accueille tous les ans les championnats du monde Johnnie Walker et celui de Breezes, l'Open de Jamaïque et le trophée Heineken.

LA JAMAÏQUE EN BREF

Pays

- **Nom officiel :** Jamaïque.
- **Capitale :** Kingston.
- **Superficie :** 10 830 km² (1 022 km de côtes).
- **Langue :** anglais.

Population

- **Nombre d'habitants :** 2 820 982 habitants (2023).
- **Espérance de vie :** 76 ans ; hommes : 74,2 ans ; femmes : 77,8 ans.
- **Religions :** protestantisme : 65 %, pentecôtisme : 11%, catholicisme : 2 %, rastafarisme : environ 30 000 personnes.

Économie

- **Monnaie :** dollar jamaïcain.
- **PIB :** 13,81 millions de US$ (2022).
- **PIB/habitant :** 5 846 US$.
- **PIB/secteur :** agriculture 16,1 %, industrie 16 %, services 67,9 %.
- **Taux de croissance :** 2,7 %.
- **Taux de chômage :** 6,5 %.
- **Taux d'inflation :** 10,35 %.

Décalage horaire

6 heures de moins en hiver par rapport à la France, 7 heures de moins en été.

Climat

Tropical et modéré par la mer des Caraïbes. Les zones d'altitude – comme le Parish de Manchester ou les Blue Mountains – offrent l'avantage d'être au frais, surtout en soirée, loin de la chaleur de Kingston. Il fait toujours chaud en Jamaïque (entre 25 et 30 °C). La saison humide s'étale de juin à septembre, avec une chaleur plus intense et des averses ponctuelles mais violentes, surtout dans la paroisse de Portland.

LE DRAPEAU DE LA JAMAÏQUE

Hissé pour la première fois le 6 août 1962, jour de l'indépendance nationale, au stade national de Kingston, il est composé d'une croix diagonale dorée (pour le soleil) qui forme des triangles verts (la terre) et noirs (la couleur de peau dominante sur l'île). Le drapeau symbolise la devise : « Hardships there are, but the land is green and the sun shines » (« Il y a des souffrances mais la terre est verdoyante et le soleil brille »).

LA JAMAÏQUE EN 10 MOTS-CLÉS

Ackee

Le ackee, dont l'apparence rappelle un fruit, est en fait un légume. Ce légume national est servi en accompagnement de nombreux plats, mais tout particulièrement avec la morue salée qu'il adoucit. Sa consommation est interdite dans les autres pays de la Caraïbe et dans les Antilles françaises (suite à de nombreux cas d'intoxications en Haïti notamment car, mangé vert, le ackee se révèle toxique). Symbole de l'île, il pousse sur l'akesia, arbre pouvant atteindre une quinzaine de mètres qui fut introduit sur l'île à la fin du XVIIIe siècle par des esclaves d'Afrique de l'Ouest. Ce fruit jaune et brun entouré d'une coquille, qui s'ouvre à maturité, se cueille à l'aide d'une longue perche crochetée à son embout. Il suffit d'effleurer le fruit mûr pour qu'il tombe. Avant de cuisiner le ackee, il est nécessaire de le faire bouillir. Il est bien sûr à la base du *ackee and saltfish* (ou colfish), petit déjeuner par excellence des Jamaïcains.

Ackee.

Dominos

En Jamaïque, les dominos ne sont pas seulement un jeu, mais un véritable « sport national ». Ils se pratiquent généralement sur une table de bois autour de laquelle quatre joueurs rivalisent d'ardeur verbale pour impressionner ses adversaires, déjà tenus en respect par la force avec laquelle les pièces sont « frappées » sur la table.

Forêt

La forêt est omniprésente dans le pays, vous ne manquerez pas d'admirer les contreforts des montagnes du pays couverte de cette végétation luxuriante tropicale et sauvage. Elle couvre près d'un tiers de la surface de l'île soit près de 340 000 hectares, dont 88 000 hectares de forêt primaire toujours intacte. La partie côtière du sud de l'île est caractérisée par une forêt sèche endémique à l'île, qui ne reçoit que peu de précipitations.

Ganja

La marijuana, herbe aux noms multiples – *weed, collie, lambsbread, kingsbread, sensi, bush herb, I-grade, sativa* –, fait partie intégrante de la société jamaïcaine quoique sa culture, sa vente et sa consommation soient interdites et sévèrement réprimées par la loi. La Jamaïque s'est décidée, en 2015, à autoriser sa consommation et sa possession en petites quantités, 56 g exactement. Si les rastas sont les premiers associés à la consommation de ganja en Jamaïque, une bonne partie de la population masculine de l'île consomme de l'herbe plus ou moins régulièrement, notamment dans les milieux ruraux où les paysans travaillent avec un spliff à la main, et une machette dans l'autre. Ne soyez donc pas étonné par les douces effluves dispersées sur le bord des routes de campagne, les trottoirs de Kingston et les plages de Negril ou de Port Antonio. On vous proposera régulièrement de l'herbe, véritable business complètement assumé. Pour décourager les vendeurs audacieux, un simple « Thank you, I don't smoke » s'avère très efficace !

Hustler

Une profession à part entière. C'est ainsi que sont présentés et se présentent eux-mêmes des milliers de Jamaïcains qui vivent d'une économie – principalement touristique – informelle, basée sur la vente de tout et de rien, à la recherche d'une occasion pour récolter un peu d'argent. Ces *hustlers* sévissent tout particulièrement dans les zones très touristiques de Ocho Rios à Negril. Du lavage de voiture à la vente de drogue en passant par une visite de ville ou de quartier ou simplement le racket d'une pièce ou d'une cigarette, la liste des services qu'ils offrent et des activités qu'ils pratiquent est illimitée. La plupart sont respectueux du touriste et un simple « non » suffit à les faire renoncer, mais il arrive que certains se montrent agressifs ou exagérément insistants. Dans ce cas, repoussez-les poliment mais fermement. Sinon, faites connaissance, discutez, et jugez ; mais ne vous laissez jamais embarquer d'emblée dans quoi que ce soit.

Mariage

Paradis des lunes de miel, la Jamaïque est aussi spécialiste du mariage express. Attention ! S'il est facile de se marier, il est par contre très difficile de divorcer. 24 heures de présence sur le territoire et vous pouvez prétendre convoler, sous réserve de fournir les documents nécessaires (carte d'identité, plus acte de naissance). Sachez que nombre d'hôtels proposent des formules mariage tout-compris, fournissant de la bénédiction nuptiale au bouquet de la mariée jusqu'aux témoins, sans oublier la coupe de champagne et l'album de photos.

Proud to be Jamaican

Les Jamaïcains sont un peuple fier, et ils l'affichent : « Proud to be Jamaican », « Proudly produced in Jamaica » ... Les déclinaisons de ce mot dans les slogans ou autre discours attestent de la conscience qu'a la Jamaïque d'être un bout de terre à part, avec une culture singulière, berceau du rastafarisme et de la musique reggae, producteur de l'un des meilleurs cafés du monde, mais aussi la patrie de l'homme et de la femme les plus rapides du monde !

© LOST MOUNTAIN STUDIO / SHUTTERSTOCK.COM

Reggae

La musique qui a fait découvrir la Jamaïque aux yeux du monde. Né d'un contexte musical exceptionnel, par le croisement du mento local, de la soul, du rock et des percussions traditionnelles africaines, ce style traverse les époques en s'imposant dans le monde entier comme l'un des plus universels et unificateurs. Les grandes stars des années 1970 et 1980 (Jimmy Cliff, Bob Marley, Dennis Brown, Gregory Isaacs, Black Uhuru, The Gladiators…) ont tracé une voie que suivent des adeptes tout autour de la planète. Une musique que les Jamaïcains jouent avec une telle facilité… C'est le pays qui compte le plus de disques produits par habitant, loin, très loin devant le reste du monde !

Soon come

Expression jamaïcaine à prendre en compte très sérieusement parce qu'il faut se résoudre à l'accepter. Elle signifie mot à mot « bientôt viens » et pourrait se traduire par « j'arrive tout de suite ». Mais, dans la réalité, elle veut dire « j'arrive au plus tôt dans une minute, au plus tard… va savoir. » Elle est souvent précédée du mot « mi » et suivie du mot « mon », ce qui donne « mi soon come mon ».

Zion

Autre version du paradis, le mont Zion est l'équivalent de l'Éden pour les adeptes du rastafarisme qui le célèbrent dans leurs chansons ou autres textes. Pour exemple, le tube de Damian Marley, *Road to Zion*, invitant à rester sur la route qui mène à ce monde idéal où l'homme et la nature se retrouvent « we got to keep on walking (Yeah) on the road to Zion land ». Ce paradis mythique rejoint souvent dans le discours une autre terre fantasmée, l'Éthiopie, pensée comme terre de salut de la race noire.

SURVOL DE LA JAMAÏQUE

Géographie

La Jamaïque appartient au quatuor des grandes Antilles composé de Cuba, de l'île d'Hispaniola (Haïti et la République dominicaine) et de Porto Rico, formant l'Arc nord des Antilles, ou des Indes occidentales comme les appellent les Britanniques. L'île apparaît une première fois il y a environ 140 millions d'années. Engloutie une centaine de millions d'années plus tard, elle réapparaît il y a environ 20 millions d'années, couverte d'un épais manteau calcaire qui explique la topographie surprenante et tourmentée de cette terre aux multiples paysages. Située au centre de la zone caraïbe, l'île n'est distante que de 144 km de Cuba (au nord), et 160 km la séparent d'Hispaniola (au nord-est), ses plus proches voisines. Avec une superficie de 11 424 km², 235 km d'est en ouest, 82 km de largeur maximale, 35 km de largeur minimale et 1 082 km de côtes, c'est la troisième île des Caraïbes par la taille, et la plus grande des îles anglophones.

Une terre qui touche le ciel

Malgré sa taille réduite, la Jamaïque possède des paysages extraordinairement diversifiés et de toute beauté. Un historien espagnol, Andres Bernáldez, rapporte les propos de Christophe Colomb qui la décrivit comme « la plus belle île que les yeux aient vue. Montagneuses, les terres semblent toucher le ciel, pleines de vallées et de plaines... Extraordinairement peuplée, sur les côtes comme à l'intérieur des terres, l'île est pleine de gros villages voisins les uns des autres ».
Plus de la moitié du pays dépasse 300 m d'altitude. Une cordillère centrale de montagnes courant d'est en ouest forme une épine dorsale au milieu de l'île. Le Blue Mountain Peak culmine à 2 257 m, à 16 km à peine de la mer (à vol d'oiseau). De part et d'autre de cet axe, de petites chaînes s'étendent du nord au sud, modelant le pays en une géographie très tumultueuse. L'intérieur de l'île est sculpté par de profondes vallées creusant ces chaînes tropicales.
Le Cockpit Country est un haut plateau karstique qui s'étend sur 1 300 km².
Son relief accidenté s'explique par la tendreté et la porosité du calcaire, soumis à l'érosion. Le Cockpit est un chaos de buttes et de collines où de profondes dépressions dessinent des arènes circulaires, et où des élévations se dressent soudainement en forme de dômes dodus. Il est recouvert d'un tapis de végétation broussailleuse impénétrable, qui en fait l'une des régions les plus mal connues de l'île. Ces hauteurs intérieures s'effondrent rapidement pour former une plaine côtière étroite, cernée de plages parmi les plus belles du monde. La côte nord est protégée par des récifs coralliens, et le sud, aux falaises dentelées, est riche de contrastes saisissants.

La côte méridionale, sous le vent, épargnée par les alizés, bénéficie d'un climat aride alors que la côte nord, beaucoup plus humide, a développé une végétation tropicale dense. Quelques îlots inhabités s'égrènent dans les eaux de la côte sud, les Pedro Cays et les Morant Cays, au large de Morant Point.

Climat

La Jamaïque ne fait pas exception parmi ses voisines des Caraïbes. Soumise aux caprices du climat tropical, l'île est située dans la zone de prédilection des cyclones. Elle bénéficie donc des avantages d'un ensoleillement exceptionnel avec une température agréable toute l'année, la mer des Caraïbes jouant un rôle modérateur, ainsi que des alizés, qui soufflent au nord et au sud de l'île. Pourtant, l'île ne manque pas de contrastes, ni en termes de saisons ni en termes de températures, compte tenu de son relief tumultueux.

Entre saison sèche et hivernage

Le climat est caractérisé par l'alternance d'une saison sèche et d'une saison humide pluvieuse, sans grandes différences de température entre les deux. La saison sèche dure de novembre à avril, et comme partout aux Antilles, c'est la période touristique, bien que les températures y soient les plus basses. Cette haute saison se traduit par une nette augmentation des tarifs hôteliers. La saison des pluies, l'hivernage, dure de juin à octobre, précédée par une période de précipitations en mai, caractérisée par de fortes averses en fin de journée rafraîchissant à peine un climat déjà très chaud et humide. La moyenne annuelle des précipitations atteint 1 960 mm ; les épisodes pluvieux sont les plus marqués dans la région de Port Antonio, la plus humide de l'île. Au sud, le climat est en revanche particulièrement sec. Quant à la chaleur, elle est constante, entre 26 et 34 °C de jour comme de nuit, et quelles que soient les saisons, ces dernières étant en effet très peu marquées. Ce phénomène est accentué par le réchauffement climatique. Toutefois, un équipement de montagne peut être utile lors d'un voyage en Jamaïque, où les températures peuvent descendre assez bas en altitude. Ainsi, dans les Blue Mountains de bon matin, on a relevé des minima de -10 °C. De même, le sud peut être très chaud et sec, ou au contraire plus frais, selon que l'on se trouve en bord de mer ou dans la région de Mandeville, fort agréable pour sa fraîcheur ambiante.

Environnement

Le nom vernaculaire de l'île signifie « terre de bois et d'eau ». Et pour cause, la Jamaïque abrite un vaste réseau de rivières, cascades, et un couvert boisé incluant mangroves et forêts de montagnes. Mais les activités humaines menacent ces fragiles écosystèmes. L'exploitation minière, l'agriculture intensive et le tourisme contribuent à la déforestation, la dégradation des milieux et à la perte de la biodiversité. Le changement climatique en cours pourrait exacerber la fréquence et l'intensité des événements extrêmes dans un territoire déjà soumis à d'importants risques naturels. Il pourrait accélérer la montée des eaux, perturber les écosystèmes marins, et contribuer à l'augmentation du risque de maladies vectorielles déjà présentes sur le territoire. Face au constat, le pays alterne entre actions en faveur du climat et sacrifice de ses mangroves pour la construction d'un complexe hôtelier de luxe. Heureusement les activistes, dont tout un pan de la jeunesse, veillent. La Jamaïque, compte, parmi ses aires protégées, un parc national. Il s'agit du Parc national des Blue Mountains. Il protège le massif montagneux éponyme, qui figure parmi les plus hauts sommets des Caraïbes. Classé au patrimoine mondial de l'Unesco, le parc abrite une biodiversité remarquable.

Faune et flore

Comme dans toutes les îles des Caraïbes, l'isolement a limité l'évolution animale. En revanche, cela a permis la naissance de nombreuses espèces endémiques, faisant de la Jamaïque l'abri d'une faune riche et variée. Par exemple, de nombreux batraciens peuplent l'île, dont 18 espèces de grenouilles.

Le paradis des ornithologues

L'ornithologue sera comblé par la variété et l'originalité des espèces, les oiseaux étant la famille animale la plus représentée. Outre les espèces propres à la région des Caraïbes, on dénombre de nombreux oiseaux migrateurs qui reviennent chaque hiver pour profiter de la chaleur.

Au total, environ 200 espèces sont présentes dans l'île, dont 25 endémiques parmi lesquelles le pivert jamaïcain et Tanta Katie, l'oriole jamaïcain, un oiseau d'une vingtaine de centimètres, à queue noire et au plumage jaune. Les délicats colibris, plus connus sous le nom d'oiseaux-mouches, sont légion également. Les todiers multicolores se nourrissent d'insectes attrapés au vol et nichent dans de petites grottes construites à même le sol ; la sylvette au plumage jaune vit dans la mangrove.

Jardin tropical à Montego Bay.

Pélicans, faucons, flamands, ibis, pinsons, grimpereaux, sittelles, tangaras, moqueurs, trembleurs, hirondelles, pigeons, tourterelles, grues, faisans, trogons, piverts, coucous, autant d'espèces aux merveilleux plumages multicolores et aux chants mélodieux qui raviront les observateurs. Certains d'entre eux ont été baptisés de jolis noms locaux qui chantent à l'oreille : le ventre blanc, le vieil homme, le mangeur d'insectes, la sorcière de la montagne, le rouge-gorge Robin, le gros Tom, le cling cling, l'oiseau docteur, l'oiseau à frange doré, l'oiseau bleu...

Les entomologistes auront eux aussi de quoi faire avec les 80 espèces endémiques de papillons et les nombreux insectes de la forêt tropicale.

Des fonds marins exceptionnels

La faune marine des Caraïbes est d'une extrême richesse, bien que son équilibre soit fragile et menacé en permanence par l'afflux de touristes, la pratique de la pêche intensive et la pollution. Les eaux jamaïcaines sont un véritable royaume de la vie sous-marine, riche de nombreuses espèces endémiques. Des coraux de toutes couleurs, aux formes variées (corne de cerf, cornes d'élan ou cerveaux de Neptune, entre autres), tissent de longues murailles dentelées aux ramifications complexes. Les gorgones plumes, dont les branches soyeuses ondulent sous l'effet des courants, les spirographes dépliant leurs bras, les anémones colorées et les étoiles de mer tapissent les fonds marins. Les récifs coralliens abritent tout une population de poissons très étonnants : poisson-perroquet, baliste aux couleurs somptueuses, poisson-papillon, chirurgien, poissons volant, poisson-ange (très fréquents dans les Caraïbes) ou encore capitaine à tête de cochon, poisson-lune, poisson-épieu, gorgone (petit animal des grottes sous-marines)... Les rencontres ne manquent pas de piquant ! Quant aux gros poissons, des mérous paresseux aux requins bleus, nourrices, marteaux ou dormeurs, en passant par les barracudas menaçants, les marlins bleus, les raies manta et pastenagues, disons que les eaux profondes ne manquent pas de vie ! Dauphins, marsouins et lamantins vivant le long des zones côtières du sud sont les principaux représentants des mammifères marins. Quatre espèces de tortues marines, malheureusement en voie de disparition, sont aussi répertoriées dans les eaux jamaïcaines. De nombreux coquillages, conques au coquillage orangé qui servaient aux Arawak pour communiquer, oursins, crustacés de bonne taille, crabes ou langoustes se rencontrent aussi à profusion, pour le délice des fins palais.

© DEBBIE ANN POWELL – ISTOCKPHOTO.COM

Oriole à capuchon.

Des paysages variés

La Jamaïque possède une flore fascinante qui éclate en une symphonie de couleurs, d'odeurs et de textures originales. Toute la richesse et la diversité de la flore tropicale s'expriment dans les paysages aux mille couleurs de l'île, en montagne comme sur les bandes côtières. La Jamaïque possède un nombre important d'espèces endémiques. De la mangrove à la forêt tropicale d'altitude, les multiples espèces se déclinent dans toutes les sonorités du latin. Toute l'année, partout, les fleurs tropicales aux couleurs étincelantes illuminent les paysages.

La forêt tropicale pluviale, composée d'arbres aux feuilles persistantes et toujours vertes, pousse dans les zones

La superbe crique de Frenchman's Cove, Port Antonio.

de précipitations abondantes, dans les Blue Mountains et la région du centre, et occupe environ 10 % des terres. C'est le type de forêt le plus luxuriant au monde. Les arbres peuvent atteindre jusqu'à 40 m de hauteur, et ils fleurissent et produisent des fruits de manière ininterrompue tout au long de l'année. A partir d'une altitude de 1 000 m, la forêt perd de sa densité pour devenir plus aérée, avec moins d'espèces ; les mousses sont plus nombreuses, c'est le règne de la forêt tropicale d'altitude.

La savane sèche de broussailles, d'épineux, d'agaves et de cactées couvre les zones arides du sud de l'île ; en particulier sur la côte. Les zones côtières, soit 25 % du territoire, ont depuis longtemps perdu leur végétation naturelle, remplacée par une végétation de cultures vivrières et d'agrément.

Seule la forêt de mangrove reste très présente le long des côtes, en particulier au sud et à l'est du pays. Impénétrable, elle est composée de manglars rouges, noirs ou gris, et de palétuviers qui plongent leurs racines dans les limons des eaux salées du littoral. Trois espèces différentes de mangroves cohabitent dans les embouchures des rivières : blanche, noire et rouge. Quant à l'inextricable végétation de Cockpit Country, elle réserve encore bien des surprises puisqu'on n'a pas encore pu répertorier toutes les espèces de plantes qui y vivent. On connaît aujourd'hui 101 plantes endémiques à la région, et les spécialistes s'activent à étudier cette végétation parmi les plus sauvages du monde.

Les forêts tropicales de l'intérieur sont un vrai rêve de botaniste. Elles comptent quelque 3 000 variétés de plantes à fleur dont 800 espèces indigènes ; parmi elles, pas moins de 237 espèces d'orchidées dont 60 endémiques, qui poussent à l'état sauvage, flirtant avec les troncs des grands arbres.

L'île peut s'enorgueillir d'avoir fait découvrir la plus somptueuse des fleurs, l'orchidée, à la Vieille Angleterre : les deux premières orchidées exposées en 1787 aux Kew Gardens à Londres étaient originaires de Jamaïque. Les anthuriums sont aussi largement représentés ainsi que les broméliacées, dont on dénombre 60 espèces, et les épiphytes. On trouve en Jamaïque plus de variétés de fougères (550 espèces endémiques) que dans toute autre forêt tropicale du monde.

Une végétation luxuriante

Les arbres et essences rares ne sont pas en reste. Au répertoire des arbres, on compte les nombreuses espèces de palmiers endémiques dont le Tatch Palm Tree, avec les palmes duquel on réalise les toits des constructions de bois. Le palmier royal a été importé de Cuba, dont il est l'arbre fétiche ; une immense réserve lui est consacrée dans la région de la Grande Morass, de Negril à l'ouest de l'île. Le Blue Mahoe, arbre emblématique de l'île, est une forme endémique d'hibiscus aux fleurs déclinant des nuances orangées. Le bois de vie, connu sous le nom de gaïac officinal, mesure de 4 à 8 m de hauteur ; cet arbre tortueux porte une délicate fleur bleu pâle qui est la fleur nationale, et donne des fruits jaune orangé. On extrait de son bois un produit stimulant qui permet de soigner rhumatismes et maladies dermatologiques, et sa résine est employée comme un purgatif. Le bambou, mis à l'honneur dans l'avenue qui lui est consacrée au sud de l'île, vient de Chine. Les hibiscus aux teintes délicates, venus d'Égypte, participent activement à la décoration des hôtels et des restaurants. Les flamboyants de Madagascar aux fleurs rouge vif, les frangipaniers et bougainvilliers déclinant toute une palette de l'orange vif au violet profond en passant par le fuchsia, les eucalyptus, les cèdres, les balsas, les banians, les arums, les lauriers, les vénéneux mancenilliers, les poivriers, les mûriers sont quelques-unes des multiples espèces qui peuplent l'île.

Une multitude d'espèces endémiques

La forêt jamaïcaine couvre presque 25 % de la superficie de l'île, mais elle perd rapidement du terrain devant la progression de l'expansion urbaine, de l'exploitation forestière et de celle de la bauxite, de la culture illégale de marijuana qui la menacent. Des programmes de reboisement intensif ont été mis en place par le Forest Département créé en 1942, mais la lutte est inégale et le front de la forêt recule inexorablement sous les assauts permanents de la vie moderne. Les plantes cultivées se sont adaptées au climat tropical de l'île. Si peu d'espèces originales subsistent de l'époque arawak, de nombreuses plantes ont été apportées d'Afrique et d'Amérique latine, pour constituer une très large palette de cultures vivrières, arbres fruitiers et légumes en tout genre. Dispersés partout dans l'île, de très nombreux jardins botaniques aux somptueux décors s'emploient à cultiver toutes ces merveilles pour en proposer un condensé harmonieux, à l'usage du visiteur amoureux de nature. Plantes locales, tropicales ou acclimatées depuis leur importation, toutes sortes d'espèces colorées et odorantes cohabitent. Oléandres, bougainvilliers, hibiscus et orchidées sont les favoris des jardins.

Christophe Colomb arrive

C'est le 4 mai 1494, au cours de son second voyage vers les Indes, que l'amiral pose le pied sur la côte nord de cette île vaste et encore primitive, dans l'actuelle Discovery Bay.L'accueil de la population arawak est légèrement hostile. Quelques flèches sont lancées depuis les canoës en direction des arrivants mais les canons et les chiens espagnols, faisant quelques victimes, ont vite raison de cette résistance. C'est au nom des souverains catholiques que Christophe Colomb prend possession de l'île qu'il baptise Santiago. Dès le lendemain, les Arawak viennent apporter présents et nourriture en gage d'amitié. Après une brève reconnaissance, les caravelles espagnoles repartent, non sans avoir débarqué quelques hommes chargés de fonder le premier établissement espagnol. C'est Puerto Seco, le port sec, qui voit le jour dans cette baie de la côte nord, éloignée de toute source d'eau douce. Le 9 mai, la flotte fait route vers le golfe du Bon Temps, aujourd'hui Montego Bay. Après avoir réalisé un repérage rapide de la côte nord, Christophe Colomb repart vers Cuba. Il fera encore une reconnaissance rapide de la côte sud de Santiago, sur le chemin du retour vers l'Europe. De retour en Espagne, il oublie la terre des forêts et des rivières.

Christophe Colomb.

La terre de la retraite involontaire de Colomb

Christophe Colomb ne reviendra dans l'île que neuf années plus tard, au cours d'un voyage de retour vers l'Europe, contraint de s'arrêter à cause des avaries subies par ses caravelles. L'une d'elles est restée à Panamá, une autre a dû être abandonnée à Hispaniola. Celles qui restent ne sont pas en état de retraverser l'océan Atlantique.Le grand amiral ne pouvant atteindre Hispaniola pour cause de gros temps doit s'arrêter en Jamaïque où il débarque en compagnie d'une centaine d'hommes d'équipage, de son fils Ferdinand et de son frère Bartolomé. Il restera un an, de juin 1503 à juin 1504, dans la baie de Saint Ann, quelques kilomètres à l'est de Puerto Seco. C'est la plus longue étape jamais effectuée au cours des voyages de Christophe Colomb.

A cette époque, il a épuisé son crédit auprès de l'administration espagnole et n'est plus en grâce auprès des souverains. Personne ne se hâte de venir le récupérer sur ces côtes lointaines où il s'est échoué. Ses appels au secours restent lettre morte et ne reçoivent plus le moindre écho. Ce n'est qu'un an plus tard que les émissaires Diego Mendez et Bartolomé Freschi, que Christophe Colomb a envoyés à Hispaniola depuis la Jamaïque, peuvent organiser une expédition de secours.

Le 29 juin 1504, Christophe Colomb quitte enfin les rives de la Jamaïque, au terme d'une retraite bien involontaire, et reprend la mer pour rejoindre Hispaniola. Il repart enfin pour l'Espagne en septembre 1504 et ne reviendra plus jamais dans ce Nouveau Monde qu'il a découvert.

Une île sans or

Aux termes des accords passés avec les souverains d'Espagne, l'île est concédée à la famille Colomb au titre de propriété personnelle en 1504. A la mort de l'amiral en 1506, c'est son fils Diego Colomb qui en hérite avec le titre de marquis de Jamaïque. Mais si l'eau douce abonde en Jamaïque, l'or tant convoité n'est pas au rendez-vous. Leurs espoirs déçus, les colonisateurs espagnols vont très vite se désintéresser de l'île. La Jamaïque est abandonnée à quelques familles nobles qui s'établissent à Río Bueno dans le premier établissement colonial de l'île. Les Espagnols ne s'installent vraiment en Jamaïque qu'à partir de 1509, quand Juan de Esquivel, ancien compagnon du grand amiral installé dans l'île voisine d'Hispaniola, est nommé gouverneur de la Jamaïque par le fils de Colomb. Il établit la colonie espagnole de Sevilla Nueva, non loin des premiers établissements de Río Bueno. La maigre colonie ne compte qu'un fortin, un château, et une église. Délaissant la côte, ils fondent en 1534 la capitale de l'île, Santiago de la Vega, aujourd'hui Spanish Town, dans une plaine protégée de la mer et à proximité de ports naturels, non loin de l'actuel Kingston. Une quinzaine d'années plus tard, la modeste capitale compte cinq-cents maisons, six églises et un monastère franciscain dont rien ne subsiste aujourd'hui.Malgré les bras indigènes mis à contribution pour l'orpaillage, les Espagnols ne trouvent toujours pas d'or. Les colons vont donc se désintéresser très vite de cette colonie sans ressources. Les centres d'intérêt économiques et politiques se déplacent vers le continent américain. L'île devient une colonie agricole de second ordre où l'on élève du gros et petit bétail (bovins et porcins), on y développe quelques cultures de base telles la canne à sucre et les patates douces. Mais la Jamaïque n'est pas une colonie prospère. Le choix de Cuba comme principale escale de la flotte espagnole précipite l'abandon de la Jamaïque. Entre-temps, c'est-à-dire en une cinquantaine d'années, la population indigène Arawak a disparu. Les Indiens ont été décimés par dizaines de milliers, morts d'épuisement sous les mauvais traitements des colonisateurs ou anéantis par des maladies inconnues venues d'Europe (variole, tétanos ou fièvre typhoïde). D'autres encore ont préféré le suicide à la tutelle des colons. En 1611, un rapport envoyé au roi d'Espagne fait état de 74 Indiens en vie dans l'île. Il faut donc remplacer cette main-d'œuvre corvéable à merci et si peu coûteuse.

Les esclaves noirs remplacent les esclaves amérindiens

Les exploitations agricoles se développent, exigeant une main-d'œuvre abondante. L'esclavage est déjà pratiqué en Espagne depuis le XVe siècle. C'est donc de la péninsule Ibérique que débarqueront les premiers esclaves destinés aux mines en 1517. Ils sont bien évidemment trop peu nombreux pour répondre aux besoins croissants des colons. A défaut d'esclaves, c'est la lie de la société européenne qui fournira la première main-d'œuvre en remplacement des Amérindiens. Le planteur ne les paie pas, mais s'engage à leur fournir au terme d'un contrat de trois à cinq ans un bout de terre sur lequel ils peuvent s'établir librement. Les Hollandais, commerçants chevronnés, organisent la traite des Noirs depuis les côtes de l'Afrique de l'Ouest, de l'actuel Sénégal à l'Angola, marquant le début de l'ère esclavagiste et du commerce triangulaire, de l'Afrique vers les Caraïbes avec des esclaves, des Caraïbes vers l'Europe avec du sucre et de l'Europe vers l'Afrique et les Caraïbes avec des biens de consommation.Plus tard, les Anglais prennent le relais dans la traite des Noirs. La Jamaïque est la première escale sur la route des bateaux chargés d'esclaves africains.

Le lot de consolation des Anglais

Un siècle durant, l'île connaît une existence sans histoires. Seuls les raids des pirates, basés dans l'île de la Tortue au large d'Hispaniola, animent cette vie tranquillement provinciale. Au début du XVIIe siècle, la Jamaïque ne compte que quelque 3 000 âmes. La vie sociale et politique est quasi inexistante. Loin des territoires riches en promesses d'or du continent américain, la Jamaïque vit au ralenti, oubliée des souverains espagnols, presque autonome. Les querelles entre l'Église et les gouverneurs successifs ainsi que les attaques répétées des pirates affaiblissent petit à petit l'autorité de l'administration espagnole. Dans le même temps, les rivalités européennes s'étendent progressivement aux terres lointaines du Nouveau Monde.Les premiers bateaux français pénètrent dans les Caraïbes en 1506. Les colons espagnols de Jamaïque repoussent deux navires français loin de leurs côtes en 1556.L'histoire s'accélère quand les Anglais, saisis à leur tour par la fièvre colonisatrice qui consume l'Europe du Sud, décident de participer à l'aventure.

En 1596, la première attaque anglaise est menée par l'aventurier Anthony Shirley ; puis en 1603, 1640 et 1643, l'île doit faire face à trois raids anglais sans conséquences.Mais la suprématie des Espagnols et leur domination commerciale suscitent des jalousies. Dès la seconde moitié du XVIIe siècle, l'Anglais Oliver Cromwell décide de rafler quelques territoires aux Espagnols et conçoit le plan Western Design destiné à briser le monopole commercial de l'Espagne dans le Nouveau Monde.La riche Hispaniola est la première cible de la flotte anglaise partie de Portsmouth en décembre 1654 et conduite par l'amiral William Penn, le père du futur créateur de la Pennsylvanie, et le général Robert Venables, ancien gouverneur de Liverpool. Les deux hommes ne s'entendent guère. Malgré la supériorité numérique des Anglais, les Espagnols défendent becs et ongles leur propriété et, en avril 1655, les Anglais déplorent la perte de mille hommes. Il ne reste plus aux troupes britanniques sévèrement éprouvées qu'à capituler et à se replier devant la suprématie espagnole.Mais il faut sauver la face. Les côtes jamaïcaines toutes proches offrent une retraite commode. La Jamaïque, peu peuplée, oubliée des politiques et des militaires, peu défendue et mal armée, fera l'affaire des Anglais.

Les Anglais débarquent

Le 10 mai 1655, une quarantaine de vaisseaux et quelque 10 000 hommes débarquent à Caaguaya (Passage Fort), le port de Santiago de la Vega (Spanish Town), dans la baie de l'actuel port de Kingston. L'expédition marche vers Santiago de la Vega, la capitale. Surpris par cette attaque, les Espagnols ne se défendent même pas.Acculés, ils capitulent rapidement et acceptent la reddition le 11 mai ; ils sont sommés de quitter l'île au plus vite. Ne pouvant qu'obtempérer, ils abandonnent la ville aux Anglais et s'enfuient vers le nord dans le but de rejoindre Cuba ou l'Amérique centrale après avoir détruit ce qu'ils ne peuvent emporter. Nombre d'entre eux libèrent leurs esclaves et les encouragent à gagner les terres sauvages du centre et du nord de l'île d'où ils pourront mener une guerre d'usure contre les occupants britanniques en attendant l'aide d'une armée espagnole. Les colons espagnols comptent bien revenir avec des renforts.C'est donc dans une ville vide que les Anglais arrivent triomphants ; frustrés, ils détruisent tout, brûlant les églises, dévastant les maisons, pillant les commerces, fondant les cloches... Cependant, quelques Espagnols sont restés, tentant de résister à l'envahisseur en menant leur propre guérilla depuis les montagnes où ils se sont réfugiés, sous la bannière du général Cristóbal Arnaldo de Ysassi, le dernier gouverneur espagnol de l'île.Les autres colonies espagnoles envoient quelques renforts depuis le Mexique et Cuba. Ils essuient deux défaites successives, à Ocho Rios en 1657 et à Río Bueno – la plus grosse bataille militaire de l'histoire de l'île – en juin 1658 contre le colonel anglais d'Oyley. Le général espagnol Ysassi résistera encore pendant deux années d'une guerre inégale et sans espoir pour finir par se réfugier à Cuba. En 1670, le traité de Madrid met fin à l'opposition entre les deux camps et consacre officiellement la victoire des Anglais.

Les Français mis à l'écart

Le 19 juillet 1694, une flotte conduite par l'amiral Jean Ducasse, gouverneur de Haïti, débarque sur les côtes nord et est de la Jamaïque. Les espoirs expansionnistes des Français seront vite anéantis. En 1697, le traité de Ryswick signé entre la France et l'Espagne officialise la présence française à Hispaniola et les Français satisfaits oublient la Jamaïque.

Les Marrons de la colère

A peine le temps de signer un traité de paix, qu'il faut reprendre les armes ! En effet, un autre conflit, plus insidieux, commence et opposera colonisateurs anglais et anciens esclaves pendant près d'un siècle. Libérés par leurs maîtres espagnols, ces esclaves se sont concentrés à l'intérieur du pays dans le Cockpit Country et sur les contreforts nord des Blue Mountains. On les appelle les Maroon, de l'espagnol cimmarón, sauvage indompté, que la langue française transforme en Marron. De leurs montagnes, ils harcèlent sans relâche les Anglais. D'autres esclaves en fuite les rejoignent dans ces montagnes difficiles d'accès. Petit à petit, les rangs des Marrons grossissent. Leur quartier général est Nanny Town, un village bien protégé au nord-est de Blue Mountain Peak. La reine Nanny est l'une des âmes de la rébellion. Les Anglais humiliés ne contrôlent plus la situation.En 1663, les Marrons dédaignent la liberté et les terres qu'on leur offre contre leur reddition. N'accordant aucune confiance aux négociateurs, les Marrons refusent. En 1690, les esclaves de Clarendon, issus de la tribu guerrière africaine des Coromantes, se révoltent, rejoignent les Marrons et mènent, avec le général Cudjoe à leur tête, ce qui reste connu comme la première guerre des Marrons. Familiarisés avec la forêt et ses pistes impénétrables, les Marrons évitent la guerre ouverte et favorisent la guérilla. Les Anglais aidés d'Indiens et guidés par les chiens de chasse finissent par soumettre les anciens esclaves au terme de la bataille de Nanny Town, remportée par les forces anglaises en 1734. La ville est détruite et nombre d'entre eux choisissent le suicide plutôt que le retour à la captivité. Aujourd'hui, le site est toujours hanté par les esprits des valeureux guerriers.

Reine Nanny.

Quand les pirates font la loi

L'Amérique est la terre de toutes les richesses. Les colonies qui produisent du sucre, du tabac ou de l'indigo, et la mer des Caraïbes, désormais très fréquentée, ne peuvent qu'attirer les représentants de la flibuste et de la piraterie internationale.

Dès le milieu du XVIe siècle, avec le développement des premières colonies, la grande tradition de la piraterie prend forme. Ce sont généralement des aventuriers français, anglais et hollandais, arrivés avec les premiers colons dans les îles, notamment à Hispaniola, qui après avoir vécu de l'élevage et du commerce de viande ou avoir travaillé sous contrat dans les plantations, ont préféré se tourner vers des activités plus lucratives, mais moins légales. Le quartier général de ces aventuriers se trouve dans l'île de la Tortue au nord-est d'Hispaniola. L'administration espagnole n'est pas tendre avec eux, c'est pourquoi, abandonnant leur ancien repaire, beaucoup d'entre eux élisent la Jamaïque comme nouvelle base stratégique. La côte nord est idéalement placée sur la route des galions espagnols, et Port Royal relié à la terre par un mince cordon littoral, voisin de la capitale, assure une retraite bien protégée.

Le royaume des pirates

Port Royal va se développer pour devenir la ville la plus corrompue des Caraïbes – la plus riche aussi – et la capitale de la piraterie caraïbe, sous l'œil complaisant des colons et de l'administration anglaise qui savent leur île mal protégée. Les pirates, anglais il va de soi, sont tolérés, voire bienvenus, à condition qu'ils portent leurs attaques contre les ennemis jurés, les Espagnols, et qu'à l'occasion ils revendent ou partagent les revenus de leurs rapines. Port Royal sera nettoyé de cette engeance en 1664 à l'initiative du gouverneur de l'époque, sir Thomas Modyford. Les pirates retournent sur l'île de la Tortue, mais n'en continuent pas moins à attaquer les navires et les plantations. Mais le gouverneur mis au courant des visées hollandaises sur l'île demande l'aide des pirates anglais. Henry Morgan prend la tête de cette armée peu régulière. Le danger écarté, les pirates regagnent Port Royal et reprennent leurs lucratives activités, versant désormais une commission officielle aux politiciens jamaïcains. A la demande du roi d'Angleterre qui ne voit pas d'un bon œil cette officialisation du trafic, les pirates prennent leur retraite, se tournant vers l'élevage et l'agriculture.

La bataille de Panamá

Les pirates rentrent à nouveau en scène en 1670, quand Henry Morgan est encore une fois appelé à la rescousse. La ville de Panamá est cette fois la cible des Anglais. Cette cité prospère et bien développée est la tête de pont des Espagnols sur l'Amérique continentale. Morgan et ses hommes prennent la ville par surprise, mais l'incendient par erreur en célébrant leur victoire. Le retour des pirates à Port Royal est triomphal. Mais le traité de Madrid qui établit la paix entre les belligérants est signé en juin juste avant l'attaque de Panamá, ce que ne pouvait ignorer le gouverneur. Ce dernier est rappelé à Londres, jugé et emprisonné, et, ironie de l'histoire, c'est Henry Morgan qui va hériter de ses fonctions, devenant gouverneur de l'île en 1673. Passé de l'autre côté du miroir, l'ancien pirate prend son nouveau rôle très au sérieux. Il pourchasse impitoyablement ses anciens compagnons, emprisonnant et faisant pendre ceux qui n'acceptent pas de prendre leur retraite. Port Royal, désormais débarrassé de sa population dévoyée, compte 6 500 âmes dont 2 500 esclaves africains. La ville, connue comme la « Sodome des Caraïbes », mène la vie prospère et décadente d'un port négrier jusqu'à son engloutissement par la mer lors du tremblement de terre de 1692. Leur capitale disparue et leur organisation démantelée, les pirates partent écumer d'autres mers...

L'ère des plantations

Le mercantilisme triomphe grâce à la production coloniale, la transformation du sucre, les échanges commerciaux, la traite des Noirs et l'ensemble du système esclavagiste. La Jamaïque va suivre l'exemple tout proche de la Barbade où le sucre est roi. La plantation est un véritable village quasiment autosuffisant et auto-administré. Tandis que les gestionnaires travaillent dans les bureaux, les esclaves sont majoritairement exploités dans les champs de canne qui s'étendent à perte de vue, sous le fouet du superviseur. D'autres esclaves font tourner le moulin, le bouilloir à sucre, d'autres enfin, plus chanceux, sont domestiques dans la greathouse. La punition et le châtiment corporel sont leur lot quotidien car ils sont considérés comme une propriété du planteur. Les étables et les écuries regorgent de bétail ; forges et ateliers fournissent les pièces nécessaires aux machines. Les logements des esclaves sont bâtis à proximité. Ils ont la jouissance de petits lopins de terre sur lesquels ils font pousser des pommes de terre ou des bananes plantain qu'ils vendent au marché dominical, épargnant un peu pour racheter leur liberté au planteur.

Les esclaves majoritaires sur l'île

Les greathouses, les maisons des maîtres, sont construites à l'écart de l'effervescence de la plantation, sur une colline bénéficiant des vents frais tout en permettant une surveillance plus facile. Mais ces demeures sont rarement habitées ; dès que l'exploitation est lancée, le propriétaire s'installe en ville où la vie sociale est plus intéressante. Une fois l'exploitation mise en route, et fortune faite, les régisseurs administrent la propriété des Anglais quelquefois repartis en Angleterre ; les plantations changent souvent de mains.L'esclavage a déterminé la réussite économique de l'île. En 1764, la Jamaïque compte 166 000 âmes dont 144 000 esclaves. Dès l'arrivée des navires chargés d'esclaves, des annonces apparaissent dans la presse locale. Les planteurs les achètent en groupe ou à l'unité lors de ventes aux enchères. On estime qu'un tiers d'entre eux mourrait durant les trois premières années. Les esclaves sont divisés en équipes, des plus forts et résistants occupés aux champs et à la production de sucre aux plus faibles chargés de la nourriture des animaux et du désherbage. Les plus chanceux sont dirigés vers la maison où ils seront domestiques. Le dimanche est traditionnellement jour de repos. Au bout de quelques années, des esclaves peuvent acheter leur liberté ou sont émancipés par leur maître ; ils constituent la caste des Noirs libres.

L'abolition

En 1760, désemparé devant la plus sérieuse des révoltes d'esclaves, le gouvernement demande l'aide des Marrons pour mater l'insurrection. Partie de Port Maria dans la paroisse de Saint Mary, la rébellion est menée par Tacky, un ancien chef africain originaire du Ghana. Après avoir pillé un dépôt d'armes, il encourage les esclaves des plantations à la révolte qui gagne bientôt tout le pays avant de s'achever avec la mort de Tacky et le suicide collectif de la bande d'insurgés.

Marcus Garvey.

Les Marrons de la colère II

La Révolution française et ses idéaux libéraux, la révolte des esclaves haïtiens – la plus importante rébellion d'esclaves que le monde ait connue et qui se soldera par l'indépendance d'Haïti en 1804 - et le développement du mouvement antiesclavagiste en Grande-Bretagne sont autant de ferments qui font éclater en 1795 une deuxième guerre des Marrons. A l'inverse de l'abolition à la française, l'abolition anglaise de l'esclavage sera progressive.

Un Noël exceptionnel

L'année 1807 marque la fin de la traite des Noirs. Après le 1er mars 1808, plus aucun esclave ne débarque dans l'île. Cette année-là, une nouvelle révolte éclate dans la paroisse de Trelawny, menée entre autres par Sam Sharpe. La révolte de Noël éclate le 28 décembre 1831 quand le pasteur baptiste Daddy Samuel Sharpe prend la tête d'une marche passive d'esclaves qui refusent de reprendre leur travail. La rébellion se termine le 5 janvier 1832 après avoir enflammé plusieurs paroisses. Des plantations ont été incendiées, des planteurs assassinés. On déplore 14 vies blanches, un millier de Noirs trouvent la mort et 312 sont exécutés. En mai 1832, Sam Sharpe est pendu sur la place centrale de Montego Bay qui porte désormais son nom. Il sera déclaré héros national en 1975. En 1834, on déclare libres les enfants âgés de moins de six ans. Les anciens esclaves sont soumis au régime de l'apprentissage qui dure quatre années pour les domestiques et six ans pour les travailleurs agricoles. L'apprenti doit travailler sans salaire pendant quarante heures par semaine pour son ancien maître, ce qui est, en fait, un prolongement de l'esclavage. Il faudra attendre le 1er août 1838 pour que l'émancipation des 319 351 esclaves présents sur le territoire jamaïcain soit proclamée officiellement.

Post émancipation et naissance des premières communautés rurales

Outre l'apprentissage, le gouvernement anglais a largement dédommagé les planteurs pour la perte de leur main-d'œuvre. Un budget de plus de vingt millions de livres sterling sera voté. Mais les esclaves ne reçoivent aucune compensation. Afin de maintenir la main-d'œuvre sur les plantations, des assemblées de colons établissent une réglementation qui limite l'établissement des anciens esclaves comme agriculteurs indépendants. Limitation de la

superficie des propriétés, contrôle des cultures pratiquées, création d'ateliers disciplinaires pour les vagabonds, augmentation de la pression fiscale sur la petite propriété, autant de mesures de nature à freiner une véritable indépendance des anciens esclaves.
Cependant, au terme de la période d'apprentissage, beaucoup d'anciens esclaves préfèrent l'indépendance. Lâchés dans la nature, sans repères, sans ressources, ils se retirent à l'intérieur de l'île où ils développent une économie de survie. Cette paysannerie est encore à l'heure actuelle l'une des clés de voûte de l'économie et de la société jamaïcaine.

La crise de l'économie sucrière

A partir de 1830, la concurrence du sucre de l'île Maurice, puis du sucre de betterave européen se font durement sentir. Les indemnités perçues par les planteurs ont été investies en Europe et, faute de financement, les unités de production ne peuvent être modernisées. De nombreuses plantations sont abandonnées, laissées en friche, vendues pour une bouchée de pain. Les planteurs remplacent les Noirs par des ouvriers sous contrat. Entre 1834 et 1865, plus de 25 000 hommes seront importés en Jamaïque dont près de la moitié d'Afrique. Les premiers arrivés sont des Européens. De 1834 à 1838, des milliers d'Écossais, d'Irlandais, d'Allemands et de Britanniques débarquent en Jamaïque ; beaucoup succombent aux fièvres tropicales, la plupart repartent découragés. Les Chinois investissent l'île entre 1852 et 1870 mais leur transport depuis la Chine s'avère trop coûteux et le gouvernement chinois met un frein au flux. Les Indiens ramenés de la lointaine colonie asiatique entre 1880 et 1917 sont à l'origine de la population indienne de l'île, car les Indiens sous-payés n'ont jamais pu acquitter leur billet de retour. Malgré cette nouvelle main-d'œuvre, l'industrie sucrière ne se relève pas.

Les villages libres : entre l'éducation et la religion

La période suivant l'émancipation voit apparaître les premiers villages libres. Ces nouvelles communautés d'anciens esclaves qui vivent loin des grandes propriétés sont prises en main par des missionnaires non-conformistes – les baptistes se montrent particulièrement actifs -, qui craignent que l'éclatement des plantations ne disperse leurs brebis. Aussi les hommes d'Église achètent de vastes terrains qu'ils répartissent entre les familles, créant ainsi les premières structures villageoises libres. L'Église et l'école deviennent naturellement les institutions dominantes de ces villages où les pasteurs sont les garants des valeurs et de la culture.

Des moyens ridicules

En ce qui concerne l'éducation, aux termes du Negro Education Grant de 1835, le gouvernement britannique débloque pour 5 ans un budget annuel de 30 000 livres pour l'éducation des ex-esclaves des anciennes colonies des Caraïbes, un budget ridicule au regard de l'indemnisation de 20 millions de livres perçue par les planteurs. Néanmoins, les fondements du système éducatif apparaissent. Les deux tiers du budget servent à bâtir des écoles et à payer les salaires des instituteurs.

Le difficile pari de l'égalité

Les Noirs et les juifs, jusqu'alors exclus de la vie civile et politique, ont obtenu l'égalité des droits civiques dès 1831. Mais des limitations de fait entravent l'exercice de leurs droits. Ainsi, l'éligibilité à l'Assemblée jamaïcaine est réservée aux hommes et conditionnée par la propriété. Ces conditions écartent de la vie publique la très grande majorité des anciens esclaves. Seuls 2 % de la population adulte masculine sont autorisés à voter. Cependant, malgré une liberté et une égalité de droits officielle, la majorité de la population noire de l'île vit un nouvel esclavage, celui de la misère. La tension sociale, déjà vive, s'aggrave.

La révolte de Morant Bay

Cette dernière révolte des Noirs est le point d'orgue du mécontentement général face aux planteurs tout puissants. En 1865, Paul Bogle, un petit fermier prospère ordonné pasteur baptiste en 1864, et William Gordon, fils d'un planteur écossais et d'une esclave noire, tous deux membres de l'Assemblée jamaïcaine, organisent dans tout le pays des groupes secrets appelés les Prayers Meetings. Ils ont pour objectif d'obtenir l'intégration des Noirs dans les décisions politiques. C'est un de ces groupes de la paroisse de Saint-Thomas, mené par Bogle et Gordon, qui est à l'origine de la dernière rébellion des Noirs jamaïcains. Le 11 octobre 1865, une marche est organisée en direction du tribunal de Morant Bay. La manifestation tourne rapidement à l'émeute. Le tribunal, symbole de l'oppression et de l'injustice, est incendié par les rebelles, ainsi qu'une grande partie de la ville. La réponse des autorités locales sera sanglante : la loi martiale est déclarée. Outre les deux leaders pendus le 23 octobre sans procès, plusieurs centaines de Noirs sont exécutés et de nombreux villages saccagés. La Vieille Angleterre s'émeut devant la sévérité des représailles : le gouverneur de l'époque, Edward John Eyre, est destitué. Quant aux deux leaders ils seront proclamés héros nationaux en 1969.A partir de 1866, le statut politique de la Jamaïque change. A l'instar de ses voisines, la Jamaïque devient colonie de la Couronne. Le système représentatif avec une assemblée locale dont les membres sont élus au suffrage censitaire, qui vote le budget de la colonie et rémunère le gouverneur, est définitivement abandonné. Désormais, les colons n'ont plus de prérogatives économiques et politiques qu'ils abandonnent à l'Angleterre. En échange, celle-ci prend en charge la dette de l'île.

Quand la banane remplace le sucre et enfante le tourisme

Pendant des siècles, la banane n'a servi qu'à nourrir les cochons. Mais nul n'a jamais pensé à y goûter jusqu'à ce qu'un marin nord-américain, George Bush, se charge de quelques régimes et les revende fort avantageusement sur le marché de Boston. L'ère de l'or vert démarre dans les principales régions productrices et exportatrices de l'est du pays, en particulier la province de Portland et le Nord. Dès le dernier quart du XIXe siècle, la banane prend le relais du sucre, assurant la relance d'une économie à bout de souffle. Bientôt, la multinationale United Fruit Company prend le contrôle de la production au détriment des petits planteurs.De la plantation de bananes aux hôtels de luxe, le chemin est incertain. Pourtant c'est bien à l'or vert, et non à ses plages de rêve, que la Jamaïque doit la naissance de sa tradition touristique. Logique financière oblige, les compagnies maritimes qui chargent les régimes de bananes à destination des grandes villes d'Amérique du Nord veulent rentabiliser leurs nombreux bateaux. Elles imaginent alors de transporter les premiers touristes en quête de paysages tropicaux. Mais sur l'île, les conditions de vie des ouvriers agricoles ne s'améliorent pas et le mécontentement social s'amplifie. Les cataclysmes naturels à répétition, tremblements de terre et cyclones, mettent à mal les plantations.

Vers l'indépendance

Dès la fin du XIXe siècle, la Jamaïque vit une période de réformes importantes qui propulsent l'île dans la modernité. La capitale est transférée à Kingston en 1872. Le gouvernement local est réorganisé, les systèmes judiciaire et policier se modernisent. Un système bancaire insulaire voit le jour. De grands travaux sont entrepris dans l'île : construction de routes, de ponts et de lignes de chemin de fer ; un système de communication câblée avec l'Europe permet de se rapprocher de la métropole.Le pays s'oriente vers une diversification progressive des cultures, sans grand succès. La situation sociale est tendue.

La crise de 1930

La dépression de 1930 frappe de plein fouet l'économie jamaïcaine ; elle se traduit par une chute du prix des deux piliers de l'économie insulaire, le sucre et la banane.Les idées nationalistes prennent naissance petit à petit. Deux meneurs, futurs opposants, apparaissent sur la scène politique, qui vont donner un coup d'élan à l'histoire jamaïcaine.Le malaise social s'amplifie après la crise de 1930. Les baisses de la production industrielle engendrent des baisses de salaires et la misère du peuple s'accentue. Des troubles sociaux (grèves, manifestations, marches de la faim...) éclatent de façon sporadique mais régulière entre 1935 et 1938.En 1938, de violents désordres éclatent marquant l'entrée du pays dans l'histoire moderne. La grève de la plantation Frome, la West Indies Sugar Company, qui démarre le 2 mai 1938, tourne à l'émeute et fait plusieurs morts. Elle conduira à la formation des premiers syndicats qui évolueront vite vers la création des partis politiques.

La création des partis politiques et l'alternance au pouvoir

En 1938, le premier parti politique de l'île voit le jour. Norman Manley fonde le People's National Party, le PNP, de tendance socialiste. Militant pour une Jamaïque autogouvernée, il entreprend une vaste opération d'alphabétisation politique. De son côté, sir Alexander Bustamante, cousin du précédent, crée la même année le BITU (Bustamante Industrial Trade Union) et son parti politique, le JLP, Jamaican Labour Party, verra le jour en 1943. Sa position par rapport à l'Angleterre est plus modérée que celle de Norman Manley et il estime que l'île doit conserver ses liens avec un État paternaliste qui l'aide économiquement.

Face à l'activisme des forces locales, militant pour de meilleures conditions de travail, des augmentations de salaires et des réformes politiques, les Anglais qui ont besoin d'un soutien économique en cette période de guerre transigent. Une nouvelle constitution basée sur le suffrage universel voit le jour en 1944. En décembre, le vote est accessible à plus de 60 % de la population. Alexander Bustamante et son parti gagnent les premières élections jamaïcaines. En 1945, l'accession au pouvoir d'un gouvernement travailliste en Grande-Bretagne puis l'indépendance de l'Inde en 1947 précipitent la marche de la Jamaïque vers l'indépendance. Mais vingt longues années seront encore nécessaires pour y arriver.Le PNP gagne les élections en 1955 et Norman Manley prend la tête du gouvernement. Après plusieurs aménagements de la constitution, un Conseil des ministres, présidé par un Premier ministre, voit le jour en novembre 1957, réduisant les pouvoirs constitutionnels du gouverneur qui représente toujours la Grande-Bretagne.

Une fédération des Antilles britanniques impopulaire

Le 3 janvier 1958, sous la tutelle bienveillante de l'Angleterre, une éphémère union des colonies britanniques voit le jour. Ce gouvernement fédéral, dont la capitale est Port of Spain à Trinidad, est mal perçu en Jamaïque. Alexander Bustamante milite contre la Fédération. En mai 1960, le Premier ministre Norman Manley déclare que son parti est opposé à la Fédération. En septembre 1961, il demande aux Jamaïcains de se prononcer par référendum pour ou contre l'intégration de l'île au sein de la Fédération, sans que la Grande-Bretagne ne se manifeste. La réponse des urnes est largement négative et elle sonne le glas de la précaire Fédération qui sera rapidement dissoute en 1962. Le gouvernement jamaïcain décide de préparer activement son indépendance. Dès 1959 le pays est autogouverné, mais la défense et les relations internationales restent sous la tutelle de la Grande-Bretagne. L'indépendance est acquise de fait. Le développement de ressources économiques nouvelles, comme la bauxite et le tourisme, la création des premières industries, accélèrent la montée du nationalisme jamaïcain.

Un État indépendant

En février 1962, un accord avec la Grande-Bretagne est finalement trouvé et la date du 6 août 1962 est choisie comme journée marquant l'indépendance. Les élections générales ont lieu le 10 avril 1962 et voient la victoire du Jamaica Labour Party.Son leader s'appelle Alexander Bustamante, et Norman Manley devient le chef de l'opposition. Le 22 juin 1962, le dernier régiment britannique quitte l'île. Le 5 août, la Jamaïque devient une nation indépendante, membre du Commonwealth. Le 18 septembre de la même année, la Jamaïque est la 109e nation à être admise aux Nations unies. Les partis politiques vont désormais modeler la vie sociale, remplaçant la plantocratie. Très vite des institutions nationales voient le jour (banque centrale), le service militaire est instauré, l'administration judiciaire mise en place.

À la recherche de l'équilibre

L'indépendance nouvellement acquise ne résout pas les problèmes écono-

Ancienne maison coloniale dans les environs de Mayfield, Montego Bay.

miques, sociaux et politiques de fond. Le panafricanisme, initié par les théories et les initiatives de Marcus Garvey et du Black Power, soutenu aux États-Unis par des personnalités militantes comme Malcom X, font de nombreux adeptes dans toutes les Caraïbes et en Jamaïque. Le mouvement rastafarien s'enracine dans la population jamaïcaine.

JLP ou PNP ?

Le JLP et le PNP, les deux partis rivaux, dominent la scène politique. Le JPL en tient pour le libéralisme économique sous le regard bienveillant des États-Unis, et son ennemi le PNP soutient des idéaux socialistes. Leurs leaders vont démarrer un jeu de chaises musicales et se succéder au pouvoir sans apporter de solution. Après une décennie de relative prospérité économique liée au développement de la bauxite et des premières industries, le gouvernement change de camp. A la mort de son leader Norman Manley, le PNP prend une impulsion plus radicale. Sous la bannière du PNP mené par Michael Manley, le fils du créateur du parti, élu en 1972, le pays s'oriente franchement vers le socialisme. L'exemple de Cuba, la plus proche voisine de la Jamaïque, séduit Michael Manley qui noue des relations diplomatiques serrées avec sa voisine. Une visite officielle en Éthiopie lui permet de rallier à sa cause les rastafariens traditionnellement non politisés. Les mesures économiques et sociales appliquées sont vues d'un mauvais œil par le géant voisin. Dès 1973, l'éducation devient gratuite, l'économie est de plus en plus contrôlée par l'État, en particulier l'industrie de la bauxite, source de revenus importante pour le pays. En novembre 1974, la nouvelle philosophie politique du pays prône le « socialisme démocratique ». Un Smic local et une couverture sociale sont introduits ainsi qu'une législation protégeant les travailleurs, une réforme agraire permet aux petits fermiers d'obtenir de la terre, et la construction de logements sociaux mobilise les grandes villes.

Malgré ces mesures populaires, l'agitation sociale renaît, les opposants se radicalisent autour des deux partis politiques. De violents et meurtriers affrontements armés opposent les tenants de deux bords.Le contrecoup ne se fait pas attendre. Le pays connaît une nette poussée conservatrice. La crise économique et politique amène l'écrasante victoire du JLP aux élections du 30 octobre 1980 avec 51 sièges gagnés après une série d'affrontements terribles entre les supporters des deux partis politiques qui feront quelque 800 victimes. Son nouveau leader est Edward Seaga, officiellement soutenu par les États-Unis, dont le thème mobilisateur est « délivrance ». Sa première visite officielle sera rendue à Ronald Reagan. Le chef d'État américain lui rendra cette visite en avril 1982, première visite d'un président américain dans l'île. L'ambassade de Cuba est fermée et ses représentants priés de quitter l'île. Le soutien américain et les liens développés avec l'administration Reagan vont porter leurs fruits et une embellie économique se fait jour, au prix cependant de sévères mesures de restriction dans les dépenses sociales de santé et d'éducation. Mais la victoire du camp conservateur n'a pas les effets spectaculaires attendus, les investissements étrangers ne sont pas au rendez-vous et la chute des cours de la bauxite et de l'aluminium pénalise l'économie insulaire. Le dollar jamaïcain s'écroule. L'île connaît de graves difficultés économiques et se trouve au bord de la banqueroute quand, en 1988, le cyclone Gilbert, le premier depuis 37 ans, la frappe de plein fouet. 25 % de la population se retrouve sans abri. Les bases de l'industrie agricole sont détruites. Les élections de 1989 verront le retour du PNP (People National Party) qui a entre-temps renoncé en partie à ses idées socialistes des années 1970 pour se forger une nouvelle philosophie politique orientée vers le libéralisme économique. Toutefois, Michael Manley annonce son intention de renouer des relations avec Cuba. Le PNP se maintiendra au pouvoir jusqu'en 2007, donnant de nouvelles impulsions au tourisme.

Une alternance entre les deux principaux partis

Les élections de décembre 1997 et de 2003 ont largement reconduit le Premier ministre noir, Percival James Patterson, qui avait succédé en 1992 à Michael Manley, le chef historique du parti. Sa démission, avant la fin de son quatrième mandat va propulser sur le devant de la scène politique Portia Simpson Miller, devenant en 2006 la première femme Premier ministre de l'histoire de la Jamaïque. Elle est pourtant battue aux élections de 2007 par le leader du JLP, Bruce Golding, qui porte le parti travailliste au pouvoir pour la première fois depuis 20 ans. Une vraie alternance naît dans le pays, et chaque élection est équilibrée au niveau des scores des deux principaux partis, tandis qu'aucun parti outsider n'arrive à réellement percer. En janvier 2012, Portia Simpson Miller est à nouveau élue Premier ministre. Elle a reçu le Président américain Barack Obama en avril 2015 en visite officielle sur l'île, le second depuis Ronald Reagan en 1982 ! Lors des élections anticipées de février 2016, Andrew Holness prend la tête du gouvernement et sera réélu à une large majorité en 2020 en raison d'un bon bilan économique malgré la crise sanitaire. Les prochaines élections législatives auront lieu en 2025.

POPULATION

Démographie

La Jamaïque est un petit pays présent par sa diaspora dans de nombreux États du monde. En effet, si 2,82 millions d'habitants (estimations 2023) vivent sur le territoire national, environ 3 autres millions vivent en dehors de l'île, essentiellement aux États-Unis, au Canada et en Grande-Bretagne, une diaspora très forte qui compte dans l'économie nationale. La devise nationale (*Out of many, one people*, « un seul peuple issu de nombreux peuples ») rend bien compte de la diversité jamaïcaine : diversité des visages et des couleurs de peau, des religions, des cultures. Les colonisations successives, la période de l'esclavage, l'arrivée massive de travailleurs asiatiques sous contrat qui ont succédé aux Africains : autant de vagues d'immigration qui sont à la base du pluralisme ethnique du peuple jamaïcain, qui n'a aucune homogénéité raciale. De nombreuses communautés cohabitent, mêlant les héritages culturels en un métissage sans pareil. La population blanche ne représente que 2 %, les mulâtres 15 %, les Noirs 78 % et les Indiens 1 %. Près de 50 % des Jamaïcains ont moins de 25 ans et le taux de natalité est encore élevé (15,77 ‰).

Sur la rivière Martha Brae.

King Street à Kingston.

Langues

En Jamaïque, on parle officiellement l'anglais, mais la langue la plus parlée est le créole jamaïcain appelé *patwa* (patois). Il s'agit d'une véritable expérience que de tenter de comprendre ce langage ! Impossible d'entendre parler le français sur l'île, les langues secondaires étant l'espagnol et le russe.

Mode de vie

Naissance et âge

« Les enfants sont notre futur alors faites attention à eux » est une phrase qui apparaît fréquemment sur des panneaux routiers, et qui symbolise la place de l'enfant en Jamaïque, extrêmement respecté. En patois, enfant se dit *pickney*. Bien qu'il baisse d'année en année, le taux de natalité reste élevé en Jamaïque, de l'ordre de 15,77 ‰ en 2023, et est comparable à celui des pays de la zone des Caraïbes, qui sont dans l'ensemble en dernière phase de transition démographique. Du fait de ces naissances importantes et d'un taux de mortalité faible, de l'ordre de 7,44 ‰, la Jamaïque est un pays jeune. Ainsi près de 50 % de la population a moins de 25 ans.

Santé et conditions sociales

L'espérance de vie est assez élevée : 78 ans chez les femmes et 74 ans chez les hommes. Néanmoins les accidents de voiture et la criminalité restent élevés. Le système de retraite officiellement accessible aux hommes et femmes de plus de 65 ans est réservé aux classes aisées et moyennes car une grande partie de la population vit dans une pauvreté ne permettant pas d'obtenir les années de cotisation nécessaires en emplois déclarés.

Religion

Les chrétiens sont majoritaires (64,8 % des habitants), devant les animistes ou sans religion (21,3 % de la population) et les religions minoritaires. Parmi ces dernières, on peut citer évidemment les rastafariens (1,1 %).

ARTS ET CULTURE

Architecture

S'il est vrai que la poussée démographique et la jeunesse du pays ne favorisent pas un développement harmonieux des villes, qui se multiplient sans grand souci d'esthétisme, les Jamaïcains n'en cultivent pas moins le goût d'une architecture soignée. C'est en Jamaïque que l'on peut voir les plus beaux spécimens d'architecture coloniale de style anglais, restaurés dans le plus grand respect de l'histoire avec des matériaux traditionnels, meublés et décorés avec goût et raffinement. Certaines demeures sont réellement des joyaux, mais les Jamaïcains sont jaloux de leur intimité, et peu de ces belles maisons ouvrent leurs portes à la curiosité du visiteur. Une nouvelle génération de maisons voit le jour dans l'île, les demeures de milliardaires, nombreux à élire la Jamaïque comme retraite, maisons qui font la une des journaux internationaux de décoration. Qu'elles soient traditionnelles ou actuelles, les belles demeures jamaïcaines font le bonheur des photographes et de nombreux livres immortalisent sur papier glacé leurs lignes harmonieuses et leurs intérieurs raffinés. Indigène, africaine et anglaise, trois cultures mêlent leurs influences dans l'architecture traditionnelle jamaïcaine, toute de contrastes, d'ombre et de lumière, de chaleur et de fraîcheur, de matériaux nobles comme issus du quotidien.

QUE RAPPORTER DE SON VOYAGE ?

On pourra difficilement quitter l'île sans emporter au moins 500 grammes de café des Blue Mountains, une bouteille de rhum local XO, une toile ou deux d'artistes locaux, une percussion buru, une calebasse sculptée qui se distingue, et quelques-uns de ces visages rastas et africains sculptés dans le bois. Mais il faut avouer que les boutiques des grands centres touristiques brillent souvent par un manque d'imagination et de produits vraiment originaux (tee-shirts Bob Marley et seulement Bob Marley, ceintures et pléiade de gadgets aux couleurs rastas vus et revus...). Il faudra plutôt se tourner vers les producteurs, dans l'arrière-pays ou au bord des plages, pour trouver la perle rare à prix acceptable. En tous cas, vu le nombre d'artisans sculpteurs, peintres et pêcheurs de magnifiques coquillages, il sera dur pour le voyageur de quitter la Jamaïque les mains vides. Gourmands et gourmets ramèneront volontiers quelques mélanges d'épices, histoire de prolonger l'explosion de saveurs en bouche une fois à la maison. L'idéal est de les acheter en supermarché, les étals plus touristiques pratiquant souvent des prix élevés.

La Devon House, bel exemple d'architecture de plantation.

Cinéma

Il n'est pas impossible que, dès votre arrivée, la Jamaïque vous plonge dans son univers de cinéma. Plus précisément si vous atterrissez à Ochos Rios, à l'aéroport international Ian Fleming. Berceau de la saga *James Bond*, l'île fut l'endroit d'écriture principal de l'auteur, et le lieu de tournage d'au moins trois épisodes de la saga, *James Bond contre Dr. No*, *Vivre et laisser mourir*, et le tout récent *Mourir peut attendre*. Un cadre idyllique qui fut aussi celui de nombreux films hollywoodiens et britanniques, du fait des liens étroits qu'entretient toujours la Jamaïque avec ces deux pays. Au gré des vagues, vous pourrez naviguer entre les lieux de tournages de *20 000 lieues sous les mers*, *Blue Lagoon* ou encore *Les Affranchis*, avant d'aller vous régaler de septième art dans l'un des quatre cinémas de l'île encore en activité. Qui sait, vous y verrez peut-être *Rasta Rockett*, ce classique indémodable du cinéma jamaïcain ?

Danse

Au même titre que la musique, la danse est très présente dans la vie des Jamaïcains. Elle y a même une place privilégiée en tant que véritable moyen d'expression, et ce depuis toujours. La danse traditionnelle a été influencée par différentes formes venues d'Afrique, mais aussi d'Europe, pour certaines. On retrouve ainsi des styles tels que le bruckins, une danse pratiquée par le passé pour célébrer la commémoration de l'abolition de l'esclavage ; le gerreh, une danse féminine exécutée le lendemain d'un décès ; le burru et le dinki-mini respectivement originaires de Clarendon et de la paroisse de St Mary ; ou encore le jonkunnu, une démonstration masquée et pratiquée dans les rues des villes et villages durant les fêtes de Noël. La quadrille est aussi une danse de salon populaire et incontournable d'origine française et anglaise, qui a eu son heure de gloire au début du XIXe siècle. Mais en réalité, chaque évènement de la vie est prétexte à l'exultation des corps. Pas une fête sans repas copieux bien arrosé, musique et danse ! C'est ainsi que l'expression «a time to dance» prend tout son sens. Les sound systems ont marqué un certain tournant dans la manière de célébrer en société. Aujourd'hui, les «dance», aux quatre coins de la ville, ont pris le relais où se rencontre la jeunesse kingstonienne du lundi au dimanche. Ce sont les rendez-vous des amateurs, des «dancehall queens» où les démonstrations chorégraphiques et acrobatiques rythment la nuit. Et c'est sans compter sur les soirées brûlantes organisées régulièrement en club, ou occasionnellement dans les parcs, stades et parkings de centres commerciaux. Mais qu'on se le dise, c'est toute l'île qui vibre au son des basses ! En Jamaïque, la musique et la danse sont reines.

Littérature

La littérature jamaïcaine contemporaine a été fortement influencée par l'histoire de l'esclavage et les relations de l'île avec les Britanniques.

- **Thomas Mac Dermot** est considéré comme le père fondateur de la littérature moderne de Jamaïque, qui s'est affranchi de la littérature anglaise coloniale, avec son ouvrage *Becka's Buckra Baby* (publié en 1904).

- **Claude McKay (1889-1948)** s'est inspiré du concept de négritude (représenté dans les Antilles par le Martiniquais Aimé Césaire) dans ses poèmes publiés en Jamaïque. Il est l'un des fondateurs du mouvement Harlem Renaissance né dans les années 1920.

- **Una Maud Victoria Marson**, décédée en 1965, était une auteure jamaïcaine très connue pour son engagement sur les questions sociales et la condition féminine. Elle fut d'ailleurs la première femme à publier son propre magazine, qui faisait la promotion de la littérature locale, et animait en 1940 une émission de radio à la BBC appelée *Caribbean Voices*.

- **Louise Simone Bennett-Coverley ou Miss Lou (1919-2006)** était une poétesse folkloriste qui écrivait en patois et le revendiquait comme « langage de la nation ». Elle a notamment publié deux recueils de poèmes : *Jamaica Labrish* (1966) et *Anancy and Miss Lou* (1979).

- **Certains poètes de *dub* jamaïcain** également appelé *spoken word* (à l'image de Gil Scott Heron aux États-Unis) brillent par leur textes. Mikey Smith (1954-1983), anarchiste de gauche et sympathisant rastafarien, a été assassiné sur les ordres du pouvoir conservateur en place (le Jamaican Labour Party), juste après un clash lors un débat politique. Mutabaruka – toujours vivant – est un poète rastafarien, musicien et comédien. Ses poèmes abordent des problématiques de sexisme, politique, discrimination, pauvreté, racisme et religion. Idem pour Linton Kwesi Johnson (LKJ), dont la renommée est internationale. Son premier recueil de poèmes fut publié en 1974 (*Voices of the Living and the Dead*) et son premier disque en 1978 (*Dead Beat an' Blood*).

- **Marlon James,** né en 1950 à Kingston, est écrivain et professeur de littérature et d'écriture créative aux États-Unis. Il est aussi devenu en 2015 le premier auteur jamaïcain à recevoir le Man Booker Prize pour son troisième roman : *Brève histoire de sept meurtres*. 850 pages où l'auteur aborde des passages marquants des années 1970 à nos jours aussi bien en Jamaïque qu'aux États-Unis.

L'assassinat de Bob Marley – on présume qu'il s'agit du chanteur – sert de fil conducteur au roman d'espionnage dans lequel évoluent près de 70 personnages. CIA, gangs et politiques, barons de la drogue et prostituées étoffent le décor. Le rythme est soutenu. Le roman a été traduit en français par Valérie Malfoy et est disponible chez Albin Michel. Ses deux autres romans sont *John Crow's Devil* (2005) et *The Book of Night Women* (2009).

Musique

Le reggae évoque la Jamaïque comme le jazz évoque La Nouvelle-Orléans, et la salsa Cuba. De ses lointaines origines africaines à ses expressions actuelles, du *mento* au calypso en passant par le ska, le *rocksteady*, le reggae, le *dancehall*, la musique a toujours été l'expression la plus naturelle du peuple jamaïcain à travers les siècles, un facteur d'unité nationale, traduisant espoir et désespoir, joie de vivre ou révolte.

Le reggae. Né dans les rues des quartiers pauvres de Kingston, au détour des yards du ghetto de Trench Town, le reggae prend aussi ses racines dans la mouvance de la religion rastafarienne. Ce quartier a vu naître et grandir des artistes tels Alton Ellis, Joe Higgs, Ken Boothe ou encore The Wailing Souls.
Le climat de tension permanente, lié à la promiscuité, la pauvreté et la violence, favorise le développement de cette musique qui prend le parti des défavorisés et transmet un message égalitaire. De nombreux artistes reggae adoptent la religion rastafarienne. L'origine du mot « reggae » est toujours incertaine : mutilation du vocable anglais « regular », qui définit son rythme binaire, altération du latin « rege », « le roi », en référence au roi des rois, Ras Tafari, Hailé Sélassié. Bien qu'on assimile le reggae à Bob Marley, il n'en n'est pas le père. Frederick Toots, le leader du groupe The Maytals dont le style s'inspire des gospels traditionnels et des rythmes de Ray Charles et d'Otis Redding, dit : « J'ai inventé le mot «reggae» ; j'ai écrit une chanson *Do the Reggae* en 196..., je ne me souviens plus exactement... «Reggae» signifie juste «venant du peuple»... quand on dit «reggae», on veut dire «régulier», «majoritaire», «pauvreté», «souffrance», «Ras Tafari», «ghetto»... »
C'est bien la chanson de Toots écrite en 1969 qui marque les débuts de la musique reggae, résultante d'une longue maturation des influences mêlées de divers courants musicaux, le mento, le burru, le ska, et le rythm'n'blues américain. Le trio Toots and the Maytals restera populaire jusque dans les années 1980, épousant chaque évolution de la musique jamaïcaine. Ses plus grands hits sont *Six and Seven Books*, *Pain in my Belly*, *Funky Kingston* et *Pressure Drop*. Au-delà d'une rythmique lancinante, c'est toute l'idéologie rasta qui est véhiculée par le reggae : espoirs, croyances et luttes sociales et politiques. Les textes des chansons cristallisent la colère des ghettos, appellent même à la révolte contre l'oppression politique. Les gangs de rude boys sillonnent les ruelles du ghetto, ils témoignent de leur pauvreté et de leur situation précaire en provoquant la police. Les tièdes protestations des chanteurs vont être remplacées par de violentes prises de positions militantes qui s'affirment au fur et à mesure que monte le mécontentement chez les pauvres et que s'intensifient

les rivalités politiques entre les deux partis qui promettent beaucoup sans apporter de solution et la violence des gangs à la solde de ces mêmes partis. La classe des chanteurs de reggae paiera d'un lourd tribut son militantisme social et son engagement politique, les vexations et les violences à leur endroit sont monnaie courante. Plusieurs fois malmené par la police, Bob Marley sera victime d'un attentat en 1974 et devra se réfugier pendant un an aux États-Unis pour échapper à la pression dans un pays en état d'urgence.
Peter Tosh raconte son agression par un groupe de dix policiers, quatre mois seulement après le One Love Peace Concert de 1978 : « Huit ou dix policiers me frappaient la tête avec des bâtons et des armes. Ils ont fermé la porte de la cellule, chassant les gens autour, et m'ont frappé à la tête pendant une heure et demie... Plus tard, j'ai découvert que leur intention était de me tuer. Ce que j'ai eu à faire fut de jouer le mort en gisant par terre les yeux fermés... Et je les ai entendu dire « oui il est mort «. Mais je leur ai survécu... J'étais déprimé, je suis un chanteur, je n'ai jamais pensé à voler, je n'ai jamais pensé à faire quoi que ce soit de subversif ou d'illégal... Ce n'est pas la première fois que j'ai été brutalisé par la police. Militant ? Je n'ai pas rejoint l'armée, je suis un missionnaire, pas un militaire... Est-ce que quelque chose a changé depuis le Peace Concert ? Oui, plus de morts... ».
Certains paieront même de leur vie d'avoir élevé la voix. Ainsi, l'assassinat de Major Worries n'a pas été élucidé, pas plus que celui de Jacob Miller. Le 11 septembre 1987, c'est le tour de Peter Tosh, la conscience sociale des Wailers, qui meurt assassiné dans des conditions restées mystérieuses, puis ce sera Garnett Silk en 1995... Mais le reggae, c'est aussi une musique fédératrice qui réchauffe les cœurs et efface barrières raciales, sociales et politiques. Dans un premier temps cantonné en Jamaïque, le reggae va bientôt franchir les frontières. C'est le producteur Chris Blackwell qui va faire connaître cette musique en Angleterre. Sa maison de disques Island est la première – avec Trojan – à produire et à commercialiser de la musique jamaïcaine en Grande-Bretagne, ses artistes fétiches sont les Wailers. Ensemble, ils ouvrent la voie de la scène internationale au reggae et à ses artistes. D'enregistrements en concerts, de l'Europe à l'Afrique, le reggae ne connaîtra bientôt plus de frontières.
A côté du reggae traditionnel, d'autres formes fleurissent tels le lover's rock, un reggae plus mélodieux et aux paroles moins engagées (Gregory Isaac), ou le dub, talkover nouvelle manière aux accents à la fois plus poétiques et militants, avec des artistes comme U Roy, le pionnier, ou Dennis Alcapone, Big Youth.
Quelques groupes et artistes marquent de façon définitive l'histoire du reggae jamaïcain : Lee Scratch Perry, Toots and the Maytals, Bob Marley, Peter Tosh, Jimmy Cliff, Culture, Mikey Dread, The Wailing Souls, Pablo Moses, Third World, Burning Spear, Blach Uhuru, U Roy... En Jamaïque se pose encore la question de la relève et de l'évolution du reggae, privé de son porte-parole international. La Grande-Bretagne compte, elle aussi, de nombreux groupes souvent composés de musiciens jamaïcains émigrés ou de la seconde génération tels Aswad, Steel Pulse ou les Cimarons.

Janvier

REBEL SALUTE

Plantation Cove
SAINT ANN
✆ +1 876 934 0827
www.rebelsalutejamaica.com
info@rebelsalutejamaica.com

C'est le plus gros, le plus célèbre et le plus incroyable festival en Jamaïque. Chaque année au mois de janvier, dans la paroisse de St Ann, Rebel Salute rassemble des milliers de fans de reggae. Le spectacle est grandiose et rassemble tous les grands noms de la scène reggae et dancehall jamaïcaine.

Depuis plus de 20 ans, de la tombée de la nuit au crépuscule, l'ambiance est à son apogée. C'est l'artiste Tony Rebel qui est à l'origine de l'événement. Au-delà d'un festival de musique, c'est un festival rasta à 100 % où ni viande ni alcool ne sont vendus.

Février

BOB MARLEY'S BIRTHDAY WEEK

Toute la semaine autour du 6 février, l'île fête la venue au monde de son enfant le plus célèbre, Bob Marley, la légende du reggae jamaïcain. Manifestations et concerts sont organisés un peu partout à Kingston, Nine Mile, Negril, Montego Bay, Port Antonio, et dans toute l'île ! Des *sound systems* sont aussi de la partie, toute l'île est en fête au son du reggae tout au long de la journée et jusqu'au petit matin.

Un événement à ne pas manquer si vous êtes en Jamaïque à cette période.

FI WI SINTING

PORT ANTONIO
✆ +1 876 913 0103
info@fiwisinting.com
Port Antonio fête tous les ans son héritage africain dans un tourbillon de danses, concerts, lectures, poésie, contes et percussions organisés par la Fondation éponyme. On peut chanter avec des rastafariens Nyabinghi, se laisser aller sur la transe des tambours Kumina venus du royaume Kongo dans les cales des bateaux d'esclaves, ou des groupes de mento, l'ancêtre du reggae et cousin du calypso, découvrir la culture folklorique de la ville. Les enfants seront plutôt attirés par le groupe Jonkonoo et son personnage Pitchy Patchy qui voyage en Afrique de l'Ouest.

Mars

CARNAVAL DE KINGSTON

KINGSTON
Plus modeste que celui de Port of Spain à Trinité et Tobago, ce carnaval de rue attire tout de même près de 100 000 personnes ! Il a lieu à New Kingston, il est authentique. En général les principaux rendez-vous du Carnaval (Jouvert et défilé) se tiennent en avril. Une explosion de musiques, de basses, de couleurs, de joie ! Beaucoup de plumes, des danseuses et de chars pulsant du socca tout l'après-midi, mais aussi du reggae et calypso. La fête est très sûre et familiale, le défilé s'allonge de nouveaux chars tout au long du parcours jusqu'au soir.

Costumes traditionnels au carnaval de Kingston.

LIGUANEA ART FESTIVAL

KINGSTON
✆ +1 876 320 5115
www.liguaneaartfestival.com
info@liguaneaartfestival.com
Chaque année, les plus grands artistes jamaïcains (photographes, peintre, sculpteurs, bijoutiers céramistes et bien plus encore) se réunissent pour exposer leur talent et leur œuvres. Un vrai festival d'arts raffinés superbe pour dénicher de l'artisanat de grande qualité. C'est le seul festival caribéen à célébrer les beaux-arts avec l'idée de promouvoir les artistes caribéens émergents et offrir un événement pour vendre leur art. Le festival propose aussi des ateliers d'artisanat pour les enfants, de la cuisine jamaïcaine et des spectacles culturels.

Avril

SIZZLA KALONJI'S BIRTHDAY PARTY

KINGSTON

Le chanteur de reggae prolifique qui a signé plus de 50 albums Sizzla Kalonji (connu comme Sizzla) a l'habitude d'organiser chaque année un grand concert à Kingston pour son anniversaire, avec tous les grands noms du reggae et du dancehall, ses amis venus s'amuser pendant un *live* et des animations sympas.

Juin

OCHO RIOS JAZZ FESTIVAL

OCHO RIOS

✆ +1 876 927 3544

ochoriosjazzja.com

jazzinfo@ochoriosjazz.com

C'est un grand rendez-vous de la musique jazz en Jamaïque. Créé en 1991, le festival s'appelait au départ « Le mini festival de jazz d'Ocho Rios » et durait seulement une journée ! Trois ans après sa première édition, il passa de 1 à 8 jours de spectacle et aujourd'hui ce sont les plus grandes vedettes du jazz jamaïcain et international qui se succèdent sur scène. Tout au long de la semaine, des concerts payants, des concerts gratuits, des expositions... à Ocho Rios bien sûr, mais pas seulement. Le festival s'exporte jusqu'à Kingston, Montego Bay ou Negril.

Juillet

INTERNATIONAL REGGAE DAY

✆ +1 876 622 5986

www.ireggaeday.com

ireggaeday@gmail.com

Chaque 1er juillet, c'est la journée internationale du reggae en Jamaïque. Partout dans l'île, de Kingston à Montego Bay, en passant par Port Antonio, Negril et Savanna-la-Mar des concerts sont programmés un peu partout pour célébrer dans toute la Jamaïque cette musique et fierté nationale qu'est le reggae. Un style né du mento originel, une musique solaire portée par Bob Marley, Peter Tosh et une pléiade d'artistes de légende qui rassemble les foules. Un tempo indivisible de la vie des Jamaïcains qu'il est fort agréable de célébrer.

REGGAE SUMFEST

MONTEGO BAY

www.reggaesumfest.com

reggaesumfestadvertising@gmail.com

« Le concert le plus célèbre du monde » selon le slogan. Le SumFest est sans doute le plus grand événement musical du pays. Chaque année à Montego Bay les concerts se tiennent en plein air dans un grand stade en dehors du centre ; ils commencent vers 18h et se poursuivent toute la nuit, dans une surenchère permanente d'exploits musicaux de la part des chanteurs et DJ stars. Le festival se tient mi-juillet pendant 5 à 6 jours avec une soirée d'ouverture sur la plage. La ville vibre d'une atmosphère électrique et affiche complet.

Août

INDEPENDENCE DAY

Le 6 août chaque année, les Jamaïcains commémorent avec fierté l'anniversaire du départ des colons britanniques et la naissance de leur nation, créée en 1962 sous l'impulsion d'Alexander Bustamante et Norman Manley. L'île entière prend les couleurs nationales vert, noir et or de son drapeau. La célébration de l'indépendance s'intègre généralement dans le Jamaica Festival qui débute le 31 juillet à Kingston et Montego Bay avec en temps fort, une parade nautique dans la baie de Kingston, un concert de Gala et des danses traditionnelles.

A ST MARY MI COME FROM

ANOTTO BAY
www.capletonmusic.com
Cet événement musical caritatif est organisé par le chanteur de reggae Capleton et a lieu dans la paroisse de Saint Mary d'où il est originaire. Si au départ c'était plusieurs fois dans l'année, c'est en août qu'a lieu désormais ce concert une fois par an. Il rassemble toujours une pléthore d'artistes émergents et de renom de la scène reggae en Jamaïque, les amis de Capleton. Une date rendez-vous « good vibes » et « spread the love for the community », immanquable !

Octobre

PORT ROYAL SEAFOOD FESTIVAL

PORT ROYAL
Tous les 3e lundis d'octobre chaque année, le tranquille port de Port Royal face à Kingston se réveille de sa torpeur pour se plonger dans une orgie de fruits de mer, poissons, langoustes et autres spécialités culinaires de la presqu'île achalandée en pêche fraîche. Le festival se tient sur le terrain de foot de la petite ville, avec des concerts et des animations du matin au soir. L'occasion de se remplir la panse de délices de la mer et de bien danser pour digérer.

Novembre

JAMAICA FOOD AND DRINK FESTIVAL

KINGSTON
✆ +1 876 405 0953
www.jafoodanddrink.com
info@jafoodanddrink.com
Ce festival se tient tous les ans à Kingston. Pendant 10 à 12 jours, chefs cuisiniers, maîtres et experts en vins et spiritueux jamaïcains sont réunis pour ce grand festival de la gastronomie. Au programme : plus de 60 chefs présents, 7 événements culinaires inédits, dans 7 lieux iconiques de Kingston et une expérience extraordinaire... On peut prendre des cours de cuisine (adultes et enfants) et de mixologie pour apprendre à faire des cocktails, participer à des brunchs...

Décembre

HARBOUR FEST & FIREWORKS ON THE WATERFRONT

KINGSTON
La Jamaïque, et plus spécialement sa capitale Kingston, célèbre le passage à la nouvelle année avec un feu d'artifice festif le soir de la Saint Sylvestre et un petit festival. Sur le front de mer de Kingston à Downtown, actuellement en cours de rénovation (mais avec une belle promenade agréable désormais), des milliers de Kingstoniens affluent pour fêter la nouvelle année dans une cohue très familiale, festive, musicale bien sûr et une ambiance toute jamaïcaine !

CUISINE LOCALE

Les Jamaïcains prennent généralement un petit déjeuner copieux, composé de légumes et de morue, et ils dînent tôt, à la manière des Hollandais. Haute en couleur, très épicée et riche en saveurs, mariant subtilement traditions et créations, inspirée des diverses cultures de l'Afrique à l'Inde, la gastronomie locale est l'une des meilleures et des plus créatives des Caraïbes, tirant parti de toutes les influences et de la diversité de ses richesses naturelles. En revanche, la nourriture est chère et les prix sont équivalents à nos prix européens, voire parfois plus chers au restaurant. Heureusement il reste possible de manger une excellente cuisine jamaïcaine à prix très raisonnable dans les « bouis-bouis », même si beaucoup n'ont pas fière allure, où les touristes n'osent pas s'aventurer. Et pourtant... la nourriture y est excellente !

Produits et spécialités

On notera l'influence britannique. Le curry de chèvre, le poisson « escovitch », la *pepper pot soup* sont les recettes de base des cartes des restaurants locaux.

- ***Ackee and saltfish.*** Délicieux et incontournable, le petit déjeuner national nourrit son homme dès le matin d'un copieux mélange de morue séchée et salée, cuite avec l'*ackee* dont la chair et l'aspect sont proches de ceux des œufs brouillés.
- ***Rice and peas.*** Le plat classique de cette région des Caraïbes est le *rice and peas*, riz cuisiné avec des haricots rouges parfois cuits dans du lait de coco et parfumé de diverses épices. Il accompagne généreusement la plupart des plats de viandes.
- ***Jerk chicken.*** Vous en trouverez à tous les coins de rue, dans toutes

Les patties sont très appréciés en Jamaïque.

les villes et les villages. La viande est d'abord marinée dans un bouquet d'épices appelé *Jamaican jerk spices*, contenant piment, poivre, clou de girofle, cannelle, noix de muscade, thym... Puis la viande (la technique est déclinée avec le porc) est grillée au barbecue, en général des barriques métalliques horizontales. Le quart ou le demi-poulet est servi dans de l'aluminium.

- ***Pepperpot.*** Ce plat, d'origine arawak, est dans sa version actuelle un épais ragoût de viandes (bœuf, queue de cochon, jambon) cuites avec du *callaloo*, l'épinard local, relevé au poivre et saupoudré de noix de coco râpée ou allongé de lait de coco.

- ***Escovitched fish.*** Le poisson frais est cuit dans une sauce aux oignons, vinaigre, poivron rouge, baies de *pimento* et autres épices. Il est servi avec des *bammies,* galettes de manioc bouillies ou frites.

- ***Mannish water.*** Soupe de mouton piquante aux vertus soi-disant aphrodisiaques, servie aux jeunes mariés le soir de leurs noces.

- ***Curry goat.*** Pas de fête jamaïcaine sans curry de chèvre, un classique ragoût de chèvre au curry, généralement servi avec du riz blanc ou agrémenté de haricots noirs. La même recette se décline avec du poulet.

- ***Pumkin soup.*** Légère et goûteuse, la soupe de potiron est une tradition pour commencer un dîner. Cuite à partir d'un bouillon de bœuf, elle peut être relevée d'épices et de thym.

- ***Red peas soup.*** Plus épaisse que la précédente, cette soupe est elle aussi un des *bestsellers* de l'île. Haricots rouges, bœuf, noix de coco, oignons, ail, poivre et thym en sont les principaux ingrédients.

Plat typique, Port Antonio.

- ***Patties.*** Aussi populaires en Jamaïque que les hamburgers chez l'Oncle Sam, les *patties* sont de petits pâtés farcis de viandes (bœuf ou poulet), souvent épicés. On en trouve avec toutes sortes de garnitures, parfois étonnantes. Ils sont servis en entrée dans un repas, mais se consomment généralement directement après l'achat en boutique. A tester : la *ackee patty* !

- ***Bammies.*** Pains plats et ronds faits de farine de manioc, aussi appelés cassaves, frits ou bouillis. Particulièrement goûteux lorsqu'ils sont faits avec de la noix de coco, ils accompagnent bien les plats de poisson en sauce.

- ***Bulla.*** Gâteau rond et plat fait de farine et de sucre brun, consommé traditionnellement avec des avocats.

- ***Dunkanoo.*** Sorte de pudding de banane verte et farine de maïs, cuit dans des feuilles de bananiers ; ce plat vient directement d'Afrique.

LA TRADITION DU BRUNCH

Les Jamaïcains mangent copieusement le matin : banane verte, *bammies*, épinard ou ackees à la morue et autre *porrage* (pâte à base de farine, de beurre et d'eau que l'on fait bouillir avec des cacahuètes ou de la banane) composent le petit déjeuner traditionnel. Autre tradition : le brunch dominical, un petit déjeuner particulièrement copieux, à cheval aussi sur le déjeuner et qui se prend généralement à l'extérieur. Les hôtels servent le petit déjeuner jusqu'à 10h30 ou 11h.

- ***Johnny cake* (aussi appelé *dumplin'*).** Souvent servi au petit déjeuner, c'est un petit pain de farine frit dans l'huile.
- ***Gizzadas.*** Petites tartes à la noix de coco parfumées au gingembre.
- ***Pepper shrimps.*** Très appréciées des Jamaïcains, ces petites crevettes assaisonnées à la perfection, très épicées, sont vendues dans de petits sachets en bord de route. Si vous passez par St Elizabeth, ce sera le moment de succomber. Elles se mangent avec la tête et la carapace, et c'est digeste. Cela apporte même le côté croquant qui contribue à la gourmandise. Un classique de la street food jamaïcaine.

Boissons

Dans ce domaine aussi, on n'a que l'embarras du choix.
La bière est la boisson nationale populaire au comptoir des bars jamaïcains. La marque préférée des Jamaïcains est la Red Stripe, familièrement appelée « policeman » pour la ressemblance entre la rayure rouge de l'uniforme national et celle de l'étiquette. La Red Stripe se décline aujourd'hui en version light et en version bold, légèrement ambrée. La Dragon (7 %) et la Dragon Spitfire (10 %) raviront les habitués de bières plus fortes et aux arômes plus prononcés. On trouve aussi la Heineken et la Guinness, très populaires dans l'île.
Le rhum, produit selon des recettes vieilles de plusieurs siècles, est l'un des meilleurs des Caraïbes. Ses différentes variétés, nature ou aromatisées, aux âges, aux robes et aux senteurs pleines de promesses, sont consommées de multiples façons. Sec d'abord, mais surtout en cocktails, et la créativité des barmen jamaïcains dans ce domaine est impressionnante. Le blender est une arme redoutable qu'ils maîtrisent avec un art consommé, pour donner naissance à des créations aux noms aussi évocateurs que leurs goûts sont savoureux.L'Appleton Estate Rum est l'un des meilleurs de la Jamaïque. Le Myer's Dark Rum et le Blackwell Rum sont utilisés dans de nombreux cocktails.
Pour les plus sages, les jus de fruits restent une valeur sûre, qu'ils soient servis nature, accommodés en milk-shake ou en cocktails savoureux et hauts en couleur. Les jus de fruits maison sont une explosion de saveurs en bouche.
Côté boisson à bulles, signalons le Ting, le soda national très rafraîchissant, aromatisé au pamplemousse, auquel succombent bien des visiteurs.

SPORTS ET LOISIRS

Football

Les Reggae Boyz furent la deuxième équipe de football des Caraïbes, après Haïti en 1974, à être sélectionnée pour une Coupe du Monde de football en 1998 lors du Mondial en France. Un événement sportif au retentissement jamais vu sur l'île ! Les matches éliminatoires ont tenu en haleine tout le monde, sans distinction d'âge, de sexe, de couleur de peau ou de religion…

Le football, sport universel s'il en est, a depuis quelques années grignoté la place du cricket dans le cœur des jeunes Jamaïcains, qui suivent les compétitions internationales avec une passion extraordinaire. Impossible en tout cas de rater les photos de Bob Marley jouant au football, une de ses passions avec la musique, ou d'ignorer que Usain Bolt a tenté de devenir professionnel du ballon rond après s'être retiré des pistes d'athlétisme !

Athlétisme

Ce n'est un secret pour personne : les Jamaïcains et Jamaïcaines sont parmi les personnes les plus rapides de la planète.

Depuis la fin des années 1980, la petite île n'a cessé de placer sur les pistes de sprint et de sauts une pléiade de coureurs dont les plus célèbres restent Merlene Ottey, Grace Jackson, Asafa Powell, Veronica Campbell-Brown et bien sûr Shelly-Ann Fraser et Usain Bolt. Il n'est pas rare de voir un 100 m se terminer par un podium intégralement jamaïcain.

Cricket

Art traditionnel, né en Angleterre au XVIe siècle et exporté dans toutes les colonies britanniques, le cricket compte toujours nombre d'adeptes. Les terrains de cricket, sur lequel s'affrontent vingt-deux joueurs en costume blanc supervisés par deux arbitres, parsèment l'île. Difficile à suivre pour un non-initié, ce jeu est cousin du baseball : un *pitcher* lance la balle que le batteur doit frapper pour l'envoyer hors de portée des lignes de défense adverse. L'engouement que suscitent certaines rencontres témoigne de l'importance de ce sport en Jamaïque. Vous remarquerez sur toute l'île des vastes terrains où il se pratique, et peut-être vous laisserez-vous tenter par une journée de match (oui, une journée entière !) durant votre séjour.

Golf

A moins d'un très long séjour en Jamaïque, vous n'aurez pas assez de temps pour partir à l'assaut de tous les terrains de golf de l'île. Le pays propose une grande diversité de parcours qui sont pour la plupart concentrés autour des zones touristiques côtières, mais aussi dans la capitale et les grandes agglomérations comme Mandeville. Hérité de la tradition coloniale britannique, le golf a été très pratiqué par les Jamaïcains, avant de devenir une aubaine touristique. La douzaine de parcours dispersés dans l'île, collines dominant la mer des Caraïbes, vallées profondes, fairways ondulants, greens en promontoires et pièces d'eau réservent beaucoup de surprises et de sensations.

Pêche au gros

A seulement quelques centaines de mètres des rivages, au-delà des récifs coralliens, la pêche de haute mer se révèle très fructueuse. Les territoires de pêche encerclent l'île et il est difficile de revenir bredouille d'une sortie en mer. Le poisson le plus populaire de l'île est sans conteste le fameux marlin bleu, poisson mythique célébré par Hemingway, qui peut atteindre 200 kg et jusqu'à 2 m de longueur. Présent toute l'année dans les eaux jamaïcaines, sa taille est optimale en été et en automne. De grands tournois de pêche, rassemblant de nombreux bateaux aux équipements particuliers venus des îles voisines, sont organisés dans les principales villes côtières. Le barracuda est aussi une prise recherchée. Ocho Rios, Montego Bay et Port Antonio sont les bases principales où s'affrètent les bateaux de pêche.

ENFANTS DU PAYS

Usain Bolt

« Lightning », « l'Extraterrestre » ... : les surnoms sont évocateurs pour qualifier cet athlète, nouvelle idole de l'île, devenu légende vivante. Ses extraordinaires performances lors des épreuves de sprint court (100 m et 200 m) en ont fait l'homme le plus rapide du monde dans les deux disciplines. Aux Jeux olympiques de Pékin en 2008, Usain Bolt est doublement médaillé d'or en battant successivement les records mondiaux dans les deux disciplines. Un an plus tard, aux Mondiaux de Berlin, il améliore encore ses temps pour établir des records à 9'58 pour le 100 m et 19'19 pour le 200 m. En août 2012, lors des Jeux olympiques de Londres, il décroche à nouveau l'or sur 100 m (9'63) et sur 200 m (19'32). Il complète sa performance en raflant également l'or sur le 4x100 m. L'homme est véritablement entré dans la légende ! Le coureur a même obtenu le titre de diplomate, le Premier ministre jamaïcain récompensant « le charisme du sportif et l'attention qu'il a attiré sur la Jamaïque grâce à ses performances ». Le surdoué est donc devenu le plus jeune diplomate jamaïcain de l'histoire, et le seul à avoir donné son nom à une autoroute de l'île, la Usain Bolt Highway ! Bolt a tiré sa révérence en août 2017.

Jimmy Cliff

C'est dans les environs de Montego Bay que Jimmy Cliff, musicien précoce et légendaire, voit le jour à Somerton en 1948. Son enfance est bercée par le rythme du mento, des chants traditionnels et religieux. Attiré par la capitale, il quitte très jeune sa campagne natale et entame une carrière musicale faite de petits cachets. Il signe son premier contrat important à l'âge de 14 ans avec Leslie Kong et enregistre *Hurricane Hattie*. Il rencontre Chris Blackwell lors de sa prestation à la Foire internationale de 1964 à New York. Cette rencontre marque un tournant dans sa carrière et il quitte la Jamaïque pour la Grande-Bretagne. En 1965, il signe avec Island qui va enregistrer l'un de ses plus grands succès : *Many Rivers to cross*. De retour en Jamaïque, les hits se succèdent. Il devient plus radical et ses idées se nourrissent des philosophies de Malcom X et de l'islam. Sa conversion détournera de lui de nombreux fans. Peu à peu, sa popularité décroît au profit d'une nouvelle figure musicale, Bob Marley.

Linton Kwesi Johnson (LKJ)

Né en Jamaïque en 1952, Linton se voit doté d'un second prénom ashanti « Kwesi », donné aux garçons nés un dimanche. En 1963, il part rejoindre ses parents qui ont émigré à Londres, et très tôt devient militant politique : il adhère au mouvement des Black Panthers, très engagés dans la défense de la cause noire.

Alors qu'il étudie la sociologie, il sort son premier recueil de poèmes en 1974, *Voices of the Living and the Dead,* tandis que le label Island publie son premier album de dub poetry quatre ans plus tard, *Dread Beat An' Blood,* et sort deux ans après le fameux *Forces of Victory,* opus qui aura le plus de succès commercial. Il se distingue pour ses idées politiques en parlant des thèmes qui lui sont chers : l'oppression policière et les conditions de vie des Noirs en Angleterre, et s'exprime en créole jamaïcain dans ses poésies.

Grace Jones

Grace Jones est une chanteuse, autrice, compositrice, actrice et mannequin jamaïcaine née en 1948 à Spanish Town. Fille d'un prédicateur d'une église apostolique et de la fille d'un musicien de Nat King Cole, elle grandit dans une famille nombreuse et a un frère jumeau. Ses parents partent vivre aux États-Unis, et la fratrie est élevée par les grands-parents avant de rejoindre les parents en 1965 à New York. Elle se met au théâtre mais fait rapidement ses valises pour Paris où elle débarque à 18 ans en 1970. Elle débute alors une carrière de mannequin. Elle se distingue par sa grande taille, son style androgyne, sa coiffure en brosse et son excentricité. Mais la charismatique Grace Jones n'est pas seulement belle, elle sait chanter et a le sens des affaires. Elle signe avec Island Records une série d'albums dans la vague disco très en vogue à cette époque, avant de s'orienter vers un mix de new wave et de reggae, notamment l'album *Warm Leatherette* produit par Chris Blackwell. En 2008, elle sort un 10e album après 19 années de silence, *Hurricane.*

Bob Marley

Robert Nesta Marley naît le 6 février 1945 à Nine Miles, un petit village sur les hauteurs de Saint Ann. Au-delà du chanteur, Bob Marley est une icône internationale, une légende qui a fait connaître le reggae jamaïcain au monde entier et dont la voix et l'éloquence font d'emblée un artiste charismatique. Il impressionne par son œuvre, par sa musique et ses textes, et par sa philosophie et son combat militant et politique en faveur du rastafarisme. Un artiste au destin intense qui a connu les difficultés de cette vie en Jamaïque pendant des années avant de rencontrer le succès international qu'on lui connaît. Un homme aussi, sensible, humain et attachant, qui a fait chanter l'amour et la paix aux rivaux politiques de son pays en 1978 lorsque les violences endeuillaient l'île. Un personnage historique qui a marqué les consciences politiques, sociales et humaines au destin tragique et bouleversant. Son répertoire de plus de 50 albums regorge de perles rares et de classiques à écouter et réécouter.

VISITE

Devon House est le joyau de Kingston.

© JAMAICA TOURIST BOARD

KINGSTON ET SA RÉGION

KINGSTON ★★

Capitale tentaculaire, berceau du reggae, capitale affairée où se traitent quasiment toutes les affaires de l'île, Kingston agit comme un aimant sur les Jamaïcains de l'île entière, qui connait un exode rural important qui vient grossir les ghettos déjà surpeuplés de la capitale. Aujourd'hui, la communauté urbaine de Kingston compte 938 000 habitants, soit 25 % de la population totale de l'île. Plus grande ville anglophone des Caraïbes, c'est une cité dure et sans complaisance. C'est une ville secrète et complexe qui ne se livre pas facilement au visiteur étranger. Celui-ci devra déployer de savants efforts et s'armer de patience pour appréhender la diversité de la capitale. Le luxe de New Kingston côtoie la misère des ghettos.

Rarement inscrite au programme des agences de voyages qui vont parfois – à tort – jusqu'à conseiller de l'éviter, la capitale de la Jamaïque, au nom mythique, possède un charme singulier, ainsi que tous les éléments désagréables d'une grande ville surpeuplée.

Bien sûr, la capitale traîne une réputation de ville ultra-violente et dangereuse. Il faut toutefois être clair à ce sujet : Kingston est une capitale très étendue

Kingston.

et les crimes violents sont localisés dans des quartiers et des zones bien spécifiques, comme Tivoli Garden (que les émeutes tragiques du mois de juin 2010 ont transformé en zone de guerre pendant deux semaines), ou les bidonvilles de Trench Town et Jones Town.
Le nord de la ville est sûr, surveillé par de nombreux gardes et agents de sécurité, c'est désormais à New Kingston que se trouvent toutes les ambassades, tous les hôtels pour touristes et même le musée de Bob Marley !
Peu de choses subsistent de son ancien passé colonial, et Downtown ne compte pas de hauts gratte-ciels. Le quartier historique a gardé des airs de province où se heurtent les genres architecturaux sans grande cohésion (caraïbe, africain et américain). Il est possible de s'y promener en journée, autour de Parade et en descendant par King Street, vers la Galerie nationale et le front de mer. Tout cela, bien sûr, réclame un minimum de prudence et de bon sens : Downtown ne se découvre pas de nuit, et il ne faut pas s'aventurer dans les ghettos voisins sans être accompagné par un habitant du coin. Un conseil, malgré tout, évitez de vous balader dans le quartier une fois la nuit tombée. Prévoyez de partir un peu avant le coucher du soleil et n'oubliez pas qu'il n'est pas toujours aisé, passée une certaine heure, de trouver un taxi ! Prudence donc...

BOB MARLEY MUSEUM ★

56 Hope Road – Kingston 6
✆ +1 876 630 1588
www.bobmarleymuseum.com
info@bobmarleymuseum.com
Ouvert en mai 1986, le musée ne se visite qu'avec un guide et les photos et

Studio d'enregistrement de Bob Marley.

films sont malheureusement interdits à l'intérieur.
L'essentiel de l'exposition consiste en une collection de reproductions, de coupures de presse, de photos (notamment celle de son mariage en 1966), tickets de concerts et disques d'or. La visite se termine dans le théâtre Bob Marley, par la projection d'un montage vidéo de 20 minutes (en anglais) à base d'interviews qui retracent l'essentiel de la carrière et de la philosophie du chanteur. On peut voir aussi un hologramme en 3-D de Bob pendant le concert One Love One Peace en 1978.
Une boutique de souvenirs permet de se procurer tous les albums de Bob. *Legend* sorti en 1984 s'est vendu à des millions d'exemplaires ; une valeur sûre si vous hésitez !

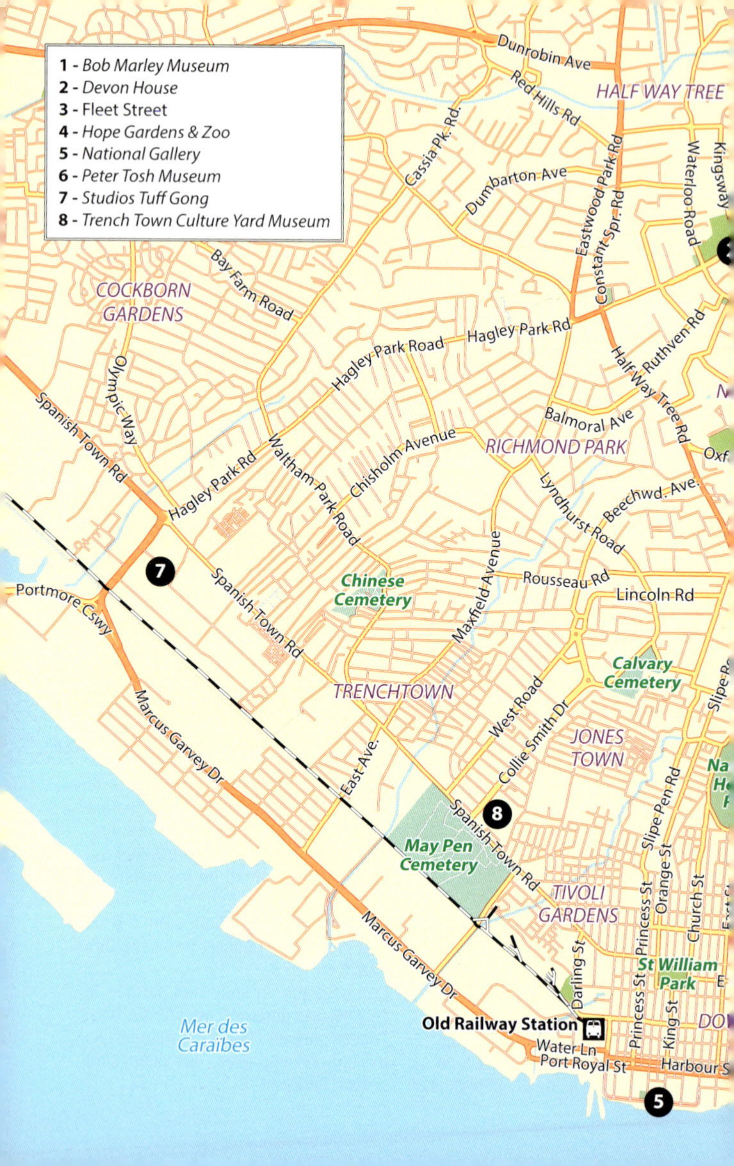
1 - Bob Marley Museum
2 - Devon House
3 - Fleet Street
4 - Hope Gardens & Zoo
5 - National Gallery
6 - Peter Tosh Museum
7 - Studios Tuff Gong
8 - Trench Town Culture Yard Museum
Dunrobin Ave
Red Hills Rd
HALF WAY TREE
Waterloo Road
Kingsway
Cassia Pk. Rd.
Dumbarton Ave
Eastwood Park Rd
Constant Spr. Rd
Bay Farm Road
COCKBORN GARDENS
Hagley Park Rd
Hagley Park Road
Ruthven Rd
Half Way Tree Rd
Olympic Way
Balmoral Ave
Spanish Town Rd
Waltham Park Road
Chisholm Avenue
RICHMOND PARK
Hagley Park Rd
Lyndhurst Road
Beechwd. Ave.
Maxfield Avenue
Rousseau Rd
Lincoln Rd
Portmore Cswy
Spanish Town Rd
Chinese Cemetery
Calvary Cemetery
TRENCHTOWN
West Road
Collie Smith Dr
JONES TOWN
Marcus Garvey Dr
East Ave.
Slipe Pen Rd
May Pen Cemetery
Spanish Town Rd
TIVOLI GARDENS
Orange St
Princess St
Church St
St William Park
Darling St
King St
Marcus Garvey Dr
Old Railway Station
Water Ln
Port Royal St
Harbour St
Mer des Caraïbes

KINGSTON
Paddington Ter
BARBICAN
E Kings House Rd
Liguanea Ave
Widcombe Rd.
Charlemont Avenue
Dunwell Rd
Hope Boulevard
Hope Gardens
4
1
Hope Rd
Old Hope Rd
Old Hope Road
B1
Seymour Avenue
Lady Musgrave Road
Wellington Dr
Mona Rd
Garden Blvd
Uhwi Ring Rd
Tavern Dr
Papine Rd
BEVERLY HILLS
Fy. Ave.
Old Hope Road
Ring Rd
Shed Ln
Mona Resovoir
Arthur Wint Drive
Mc Gregor Gully
Hermitage Rd
University Rd
EDEN GARDENS
Mountain View Ave
VINEYARD
Camp Rd
Deanery Rd
Merrion Rd
Langston Road
NORMAN GARDENS
ROLLINGTON TOWN
Mt. Vw. Ave
S Camp Rd
Upper Elletson Rd
FRANKLYN TOWN
Windward Rd
PASSMORE TOWN
Michael Manley Blvd
Twr. St
Hannah St
N
200m

Musée de Bob Marley.

Le restaurant attenant, le One Love Café, sert au son de vieux tubes reggae une cuisine végétarienne et vegan jamaïcaine – branchée *I-Tal* rasta – et éthiopienne, de quoi manger sur le pouce et s'abreuver de produits très sains qu'affectionnait Bob Marley. Et si vous êtes à Kingston un 6 février, ne manquez pas les festivités et les concerts qui célèbrent l'anniversaire de la naissance de Bob.

DEVON HOUSE ★

26 Hope Road
✆ +1 876 926 0815
www.devonhouseja.com
marketingandevents@devonhouseja.com

La Devon House est sans doute le plus beau joyau architectural de Kingston, et bien que la visite soit convenue, on ne peut que la recommander. Trônant majestueusement au centre d'un vaste parc, cette splendide demeure sur deux niveaux marie harmonieusement les tons ocre et blanc. Elle a été construite en 1881 par George Stiebel, l'un des premiers Jamaïcains noirs à faire fortune, grâce à ses investissements dans les mines d'or du Venezuela. Il se devait de bâtir pour sa famille une demeure conforme à l'ampleur de sa fortune. Rachetée par le gouvernement en 1967, la maison a été restaurée avec bonheur et meublée dans le respect du style d'origine. Portiques, vérandas, escaliers majestueux, salles de réception aux proportions impressionnantes, salons coquets, salle de musique, bibliothèque, chambres et boudoirs meublés avec une élégance toute britannique égayée de chaleureuses touches tropicales. Les pièces sont vastes et harmonieuses et rendent bien l'atmosphère d'une époque révolue. La visite peut être couplée à une dégustation de glaces artisanales, de *patty* ou de crème de coco crue, ou tout à la fois !

Le parc est ouvert gratuitement aux visiteurs qui viennent se détendre en famille ou entre amis sur les pelouses le week-end. Un terrain de jeu pour enfants est proposé (payant).

Devon House I-Scream, les glaces de cette boutique sont réputées être les meilleures du pays. Un petit centre commercial offre également un choix diversifié de restaurants, épicerie fine, magasins de souvenirs et boutiques d'artisanat.

FLEET STREET ★★

41 Fleet Street – South Side

Si Fleet Street, située à Parade Garden, n'est pas un quartier touristique, il héberge cependant un vivier d'œuvres d'art que les amateurs de *street art* ne voudront rater sous aucun prétexte. A l'origine de ce projet artistique et communautaire : Paint Jamaica, initié en 2014 par une poignée d'artistes locaux et un voyageur français tombé amoureux de Kingston. L'idée consistait à révolutionner la relation art-talent-société, avec un désir affirmé d'enrayer la mauvaise réputation de la ville en utilisant à bon escient cet entrepôt abandonné du quartier. Fleet Street est donc devenu le symbole de ce quartier populaire surnommé *South Side*, où le quotidien est difficile. C'est donc naturellement qu'ici, au numéro 41, les murs et les façades des maisons sont l'expression des talents, de l'espoir de jours meilleurs et de la culture jamaïcaine dans son ensemble, envoyant des messages principalement à la jeunesse. Le fruit de ce travail collaboratif ? Des couleurs chatoyantes, différentes thématiques, des valeurs de partage, de respect et de droiture qui prennent formes à travers ces somptueuses et captivantes œuvres d'art. Magnifique.

Life Yard, la coopérative de jeunes rastas qui rythme la vie du quartier de ses initiatives éducatives, sera votre intermédiaire, et les guides du Jamaica Cultural Enterprises, votre passe-droit ; car on ne vient pas à Fleet Street sans être accompagné d'une personne de la communauté. Une halte au restaurant du même nom, Life Yard, est inévitable, une expérience jamaïcaine sincère à vivre.

VISITE

Parc de la Devon House.

HELLSHIRE BEACH ★

Hellshire road

La plage de Hellshire près du quartier de Portmore est le spot favori des Kingstoniens qui vont s'y détendre le week-end en famille, surtout le dimanche. On vient y déguster des langoustes grillées (prix au poids) ou des poissons frétillants (le poisson lion y est excellent) avec des *festivals*. Bars et restaurants de plage se succèdent (on apprécie peu les rabatteurs dès le parking). Massages et cocktails sont proposés partout. Vue sur Kingston et le port. L'eau est relativement propre et sûre. Le *sound system* se déploie sur la plage. Bon son assuré !

HOPE GARDENS & ZOO ★

198 Old Hope Road
✆ +1 876 927 1085
www.hopezookingston.com
bookings@hopezookingston.com

Richard Hope, officier de l'armée de Cromwell, établit ici son domaine XVIIe siècle. Les jardins de 80 ha datent de 1881, lorsque le gouvernement rachète la propriété. Exposition de plantes, recherche en botanique et pépinières, orchidées, cactus, petit zoo et parc d'attractions pour enfants, ce lieu offre un moment de détente loin du chaos urbain de Kingston pour les locaux. Le zoo abrite iguanes, crocodiles et plein d'oiseaux tropicaux. Déjeuner possible à Hungry Hut, dîner au Serengeti Bistrot, avec animation théâtre tous les vendredis soir.

INSTITUTE OF JAMAICA ★★

12 East street
✆ +1 876 922 0620
www.instituteofjamaica.org.jm
info@instituteofjamaica.org.jm

L'Institut de la Jamaïque œuvre à la transmission de l'héritage culturel jamaïcain. Il rassemble des musées et institutions culturelles un peu partout à Kingston et dans les grandes villes de l'île, dont quelques-unes dans son propre bâtiment : la National Library, le Natural History Museum of Jamaica le Jamaica Music Museum et le National Museum of Jamaica (NMJ). Au programme : histoire, culture, sciences, littérature à travers des expositions thématiques (l'héritage des Tainos, la culture rastafari, l'histoire de la musique) et des séances de lecture.

NATURAL HISTORY MUSEUM OF JAMAICA ★★

Institute of Jamaica
12 East Street
✆ +1 876 922 0620
www.nhmj-ioj.org.jm/ioj_wp
info@instituteofjamaica.org.jm

Créé en 1970, grâce au soutien de quelques mécènes amoureux de culture et de sciences, le musée de l'histoire naturelle occupe l'un des bâtiments de l'Institut de Jamaïque qui abrite aussi d'autres musées (inclus dans le même billet). Il présente une exposition sur la faune et la flore (fleurs notamment) des différents habitats de Jamaïque, des montagnes aux côtes, la géologie, les récifs de coraux riches en vie marine, les écosystèmes comme les marécages, la canopée...

JAMAICA MUSIC MUSEUM ★★

Institute of Jamaica
10 East Street
✆ +1 876 922 0620
www.jamm-ioj.org.jm
hmiller@instituteofjamaica.org.jm

Quoi de plus fascinant que la musique jamaïcaine ? Le Musée de la Musique offre un panel intéressant d'informations liées à la musique du pays, depuis les instruments utilisés dès la civilisation taïno et arawak aux sonorités contemporaines du *dancehall*, pour comprendre quel génie collectif a fait émerger le *mento* et le *reggae*. A travers les expositions permanentes et temporaires, le visiteur découvrira les différents styles de musique, les artistes, les morceaux et les techniques qui ont marqué l'histoire et influencé les courants artistiques au fil des années.

NATIONAL MUSEUM OF JAMAICA ★★

12 East Street
✆ +1 876 922 0620
www.instituteofjamaica.org.jm
info@instituteofjamaica.org.jm
La collection est exceptionnelle : 19 000 objets retraçant en pointillé le passé de la Jamaïque sur 2 000 ans d'histoire environ, dont finalement peu de pièces sont exposées. La scénographie date un peu mais on peut y admirer des vestiges des populations taïnos (arawaks) et africaines, majoritaires. On peut y découvrir aussi des vestiges de la fascinante histoire de la ville de Port Royal détruite dans le tremblement de terre de 1692 et retrouvés après des fouilles archéologiques.

NATIONAL GALLERY OF JAMAICA ★

12 Ocean Boulevard
Block C
✆ +1 876 922 1561
nationalgalleryofjamaica.com
info@natgalja.org.jm
La statue de Bob Marley par Christopher Gonzales accueille le visiteur, huée puis remplacée car il était représenté nu. L'exposition présente des peintures et sculptures contemporaines d'artistes locaux, mais aussi cubains, américains et australiens, de différentes écoles, du surréalisme à l'art naïf. On apprécie la section dédiée aux sculptures d'Edna Manley, dont l'école d'art porte le nom. Des reconstitutions de rues du ghetto permettent d'en apprécier l'expression artistique.

National Gallery.

PETER TOSH MUSEUM

Pulse Center
38a Trafalgar Road, New Kingston
✆ +1 876 960 0049
www.petertosh.com/museum

Ce petit musée dédié à Peter Tosh n'a certes pas l'allure et l'étendue de celui de son acolyte Bob, mais reste très authentique et instructif pour découvrir l'homme. De la formation des Wailers à son assassinat en 1987, le musée retrace le parcours de vie de Tosh et sa vie de musicien hors-pair. L'on y (re) découvre sa fameuse veste en laine verte-jaune-rouge, son micro en forme de révolver, le micro en or offert par Mick Jagger, ou son iconique M16 guitare réalisée par Bruno Coon, symbole de lutte contre l'injustice et l'Apartheid.

TRENCH TOWN CULTURE YARD MUSEUM

6 Lower First Street
Trench Town
✆ +1 876 803 1509
www.ttcultureyard.com
sophiadowe@yahoo.com

The Trench Town Culture Yard est un projet communautaire. Comme les autres musées dédiés à Bob Marley, TTCY ne déborde pas de reliques de la star défunte. Ce « government yard », un ensemble d'une vingtaine de chambres avec cuisine centrale et salle de bain, suivant un plan en « U », a été construit pour les familles des classes populaires dans les années 40 et 50. C'est ici que Bob a appris à jouer de la guitare avec Vincent 'Tata' Ford, avec qui il a co-écrit *No Woman no cry*. Les Wailers y ont, entre autre, composé leur premier album « Catch a Fire » dans les années 1970. On trouve dans le jardin la vieille carcasse du van Volkswagen de Bob, sa première guitare, et une chambre très simple et touchante où il aurait conçu le petit Ziggy avec Rita. La visite compte de nombreuses informations sur la formation et l'histoire de Trench Town, des photographies d'époque de Bob et sa famille. Les plus chanceux rencontreront Stoneman, artiste visionnaire et leader spirituel, pour des révélations surprenantes. Il tient le magasin d'artisanat sur place... Il est possible de visiter le TrenchTown Reading Center qui fait face au musée. On vous conseille de faire le tour des rues alentour accompagné du guide, pour se rendre compte de la vie dans le ghetto, et du quotidien des familles loin des beaux quartiers de Kingston. Accompagnée d'un guide local, la balade mène jusqu'aux fameuses 1rd, 2nd et 3rd Street, où ont habité les plus grandes stars du reggae jamaïcain.

TUFF GONG STUDIOS

220 Marcus Garvey Drive
✆ +1 876 630 1588
www.tuffgong.com
onlocation@tuffgong.com

Ziggy Marley a repris le flambeau de son père et dirige les studios d'enregistrement Tuff Gong Studio qui portent l'ancien surnom de la superstar du reggae Bob Marley. Il se trouve dans une zone d'entrepôts près de la mer, tandis que le studio original était dans la maison de Bob Marley. C'est aujourd'hui l'un des meilleurs studios d'enregistrement de Jamaïque, mais pas seulement : les studios comptent aussi une salle de sampling, une salle de mastering, De ces portes sortent les productions de nombreux artistes jamaïcains (Israel Vibration, Sizzla, Horace Andy...), et des stars internationales (Alpha Blondy, Tiken Jah

Fakoly, Youssou N'Dour...). On y visite les studios aujourd'hui utilisés donc, et la presse à vinyles aux machines sans âge où sont édités quelques CD, c'est fascinant ! Comme Bob voulait rendre la musique accessible à tous, sachez que la location du studio est au même prix (raisonnable) pour les superstars comme pour les petits groupes. A l'extérieur, une boutique commercialise les productions Tuff Gong ; l'endroit est idéal pour dénicher la rareté, ancienne ou récente, en série limitée, qui viendra enrichir la collection de l'amateur de reggae. Malheureusement les vinyles s'y font rares, on en rapportera quelques-uns en 44 tours pour le souvenir.
Le dimanche, le Studio et Rassallera organisent leurs « after dinner sundayz » de 18h à minuit, au sein même de la cour, des événements où se retrouvent locaux et touristes bien accueillis autour des derniers *riddims* qui font l'actualité reggae-dancehall.

LES ENVIRONS DE KINGSTON

Kingston, ce n'est pas seulement la capitale politique et affairée où se joue tous les jours le destin de la Jamaïque, ni la ville grouillante de vie et d'énergie que les agences de voyages oublient parfois de mentionner dans leurs programmes. Kingston, ce sont aussi les environs, c'est-à-dire les agglomérations toutes proches qui permettent au visiteur ou même à l'habitant de se dépayser un moment en s'offrant une escapade d'une journée. En effet, être à Kingston, c'est être à une demi-heure de différentes activités qu'on ne soupçonnerait pas d'une capitale si pressée, si moderne. Une plage sur l'île de Port Royal, ou dans Port Royal même, au milieu des souvenirs laissés par les pirates de légende, dont Henry Morgan est la figure emblématique... La région de Kingston recèle des coins tranquilles agréables pour s'éloigner du tumulte de la ville le temps d'une demi-journée. Spanish Town avec son centre historique intéressant à visiter peut aussi faire l'objet d'une excursion à la journée.

PORT ROYAL ★★

Le souvenir d'un homme, le terrible pirate Henry Morgan, plane sur cette ancienne Babylone des Caraïbes.
Seize ouragans, neuf tremblements de terre, trois incendies, et une tourmente tropicale, il a fallu beaucoup de ténacité à la ville « la plus dépravée de la chrétienté » pour traverser les siècles du XVIIe au nôtre. Aujourd'hui, ce repaire de mécréants d'un autre temps est un charmant petit village de pêcheurs de quelque 2 000 âmes, assoupi dans la torpeur tropicale. Le petit centre-ville, bien que pittoresque à souhait, est en piteux état et seul le fort Charles, bien conservé et entretenu, offre une trace historique incontournable.
C'est par une mince langue de terre appelée Palisadoes, qui protège la baie de Kingston et dessert également l'aéroport international Norman Manley, qu'on atteint l'ancienne cité des pirates. La ville a été fondée en 1656, un an après la victoire des Anglais sur les Espagnols qui avaient négligé l'endroit.

FORT CHARLES ⭐⭐

79 Duke Street
✆ +876 967 8438
jnht.com
tours@jnht.com

Après avoir pris l'île aux Espagnols, les Anglais n'ont eu de cesse de la protéger, construisant fortins et forts tout autour des côtes. Construit en 1656, un an après la victoire de l'armée anglaise sur les Espagnols, Fort Charles est aujourd'hui le plus ancien encore debout. Bâti en forme de navire, autrefois entouré d'eau, il servait à contrôler l'entrée du port. Reconstruit en 1699, après un tremblement de terre, il était le fort le mieux armé des Caraïbes et a longtemps été la résidence de l'amiral Nelson. L'enceinte crénelée, protégée par des canons, renferme un modeste musée maritime. Des concerts sont organisés ici. On regrette le prix prohibitif de l'entrée néanmoins.

- **Le musée** : deux petites maisons, dans l'enceinte du fort, témoignent grâce à des objets et des cartes, du passé de Port Royal. Une exposition est consacrée à la vie avant 1692 et l'autre raconte le passé militaire de la ville après le tremblement de terre.

- **Giddy House :** cet entrepôt construit en 1888 offre une vision étrange. Littéralement enfoncé dans le sol, aspiré par les mouvements souterrains lors d'un tremblement de terre en 1907, il penche désormais à 15% sur son flanc. Marcher à l'intérieur offre une sensation dont est né le nom du lieu : Gizzy, que l'on peut traduire par « étourdi », ou « déséquilibré ».

- **Victoria Albert Battery** : il ne reste plus grand chose de l'ancien complexe défensif de la ville qui était composé de bâtiments et de batteries reliées par des tunnels. Un grand canon est toujours là pour témoigner du passé.

LIME CAY ⭐⭐

La plage de Port Royal

Lime Cay est une île minuscule qu'on rejoint en bateau depuis le centre de Port Royal. Le meilleur plan pour aller à la

Fort Charles.

plage à Kingston car ce banc de sable est magnifique, l'eau cristalline et l'excursion constitue un vrai break si vous voulez sortir de la ville pour oublier son décor urbain (même s'il y a des déchets rejetés par la mer). Possibilité de snorkeling pour ceux qui sont équipés de masque, tuba et palmes, les coraux sont magnifiques et les petits poissons gravitant autour aussi. Soyez prévenus, ici il n'y a rien sur place, il faut débarquer avec boissons et pique-nique et si possible glaçons (tout se vend à Port Royal avant d'embarquer). Il faut s'acquitter du tarif aller/retour au bar Y-Knot à côté de la marina et de l'hôtel Morgan Harbour. Si vous voulez connaître un moment de vie kingstonienne, allez-y un week-end, l'îlot prend des airs festifs avec du reggae, des Red Stripe et du rhum à foison. Attention, ne ratez pas le dernier retour, vous seriez contraint de passer la nuit sur cet îlot aux airs de banc de sable pour naufragés ! Prenez le numéro de téléphone de votre conducteur de bateau à l'aller si possible, il peut venir vous chercher sur rendez-vous. Sachez que la mer est très agitée pour y aller, comptez donc entre 15 et 30 minutes de traversée, mais prévoyez cette sortie seulement les jours de beau temps pour ne pas être trop remués par la houle et le clapot. Alternative à ce banc de sable : les plages de Hellshire, Fort Clarence et Boardwalk Beach de l'autre côté de la baie.

ROCKFORT MINERAL BATHS ★

Norman Manley Highway
✆ +1 876 938 5055
A l'est de Kingston, sur la route de Port Royal.
Cette source d'eau minérale naturelle ne mérite une visite que si vous êtes un inconditionnel du thermalisme. En effet,

Lime Cay.

les eaux minérales et salines de la source fraîche ont des vertus apaisantes et curatives sur de nombreux petits maux. L'endroit est assez peu fréquenté et agréable si vous y allez tôt le matin. La piscine d'un bleu tentant vous tend les bras, l'eau est chaude, l'ambiance relaxante. Mais attention en journée et pendant les vacances scolaires, les lieux prennent des allures de piscine municipale avec l'arrivée des familles.

SPANISH TOWN

La troisième ville du pays, capitale de la paroisse de Sainte Catherine, compte quelque 130 500 habitants et se situe sur la rive droite du Rio Cobre, à une vingtaine de kilomètres à l'est de Kingston. Edifiée sur l'ordre de Diego Colomb, le fils du grand amiral, entre 1525 et 1534, la ville espagnole (ou ville de la plaine, Villa de la Vega, devenue plus tard Santiago de la Vega) est demeurée la capitale de l'île jusqu'en 1872.

Seulement considérée comme une capitale administrative par les Espagnols, la ville n'a jamais connu la prospérité et n'a rassemblé, au mieux de sa forme, qu'environ 500 âmes. Mal protégée, mal défendue, elle a été à l'instar de toute l'île la proie des raids des pirates, dont les plus sérieux ont eu lieu en 1597 et 1643. Lors de l'invasion des Anglais, en 1655, la ville n'a pu opposer qu'une résistance de façade. Les Espagnols se sont rendus sans même essayer de combattre. Après avoir demandé quelques jours de sursis pour signer leur reddition, ils en ont profité pour se retirer dans les montagnes toutes proches ou s'enfuir vers Cuba par la côte Nord, emportant avec eux tous leurs biens. Frustrés de s'emparer d'une ville vide, furieux de s'être fait rouler, les Anglais ont détruit tout ce qui rappelait l'ennemi espagnol. La conquête anglaise a ainsi rasé tous les édifices d'origine hispanique. Curieusement, les Britanniques ont baptisé leur nouvelle capitale d'un nom rappelant ses origines. La ville est devenue une capitale administrative prospère et animée. Calico Jack Rackham, le fameux pirate capturé sur la plage de Negril, y a été jugé et condamné à mort en 1720. Mais l'accès à la mer était à l'époque la condition sine qua non d'un développement commercial et la ville était trop loin de la côte. Après une première tentative avortée en 1755, car jugée illégale par le gouvernement anglais, Kingston remplace Spanish Town comme capitale de l'île en 1872. Petit à petit, l'ancienne capitale administrative sombre dans l'oubli et la décadence. Elle n'est même pas épargnée par la nature, qui lui envoie en 1988 le cyclone Gilbert, qui détruit une grande partie du centre historique. Aujourd'hui, Spanish Town est l'une des zones les plus dangereuses de l'île où la criminalité et les règlements de compte entre gangs sont nombreux. Une association locale tente laborieusement de redonner vie à la bourgade, mais la tâche

Spanish Town.

est d'une telle ampleur que seule une initiative nationale voire internationale pourrait venir à bout du projet. Le centre commerçant, dont King's Street est l'artère principale, est néanmoins très animé les jours de marché.

CATHEDRAL OF ST. JAMES

Sous des dehors plus modestes que son titre, l'une des plus anciennes cathédrales des West Indies, construite en 1714, cache un bel intérieur, les bancs de bois sentent bon l'encaustique, avec des objets datant de la colonisation espagnole. Edifiée sur les ruines d'une église espagnole qui ont servi à sa construction en 1901, elle s'abrite sous un toit en bois. Inscrite au Patrimoine national jamaïcain, son vieux dallage est magnifique et ses vitraux colorés. De solides colonnes de bois soutiennent la galerie du second niveau, où l'orgue de 1849 est splendide.

MEMORIAL TO ADMIRAL RODNEY

Parade square
Sur le côté nord de la place
✆ +1 876 922 1287
jnht.com
tours@jnht.com
L'amiral Rodney a été nommé commandant de la Marine des Indes occidentales en 1782, après avoir sauvé l'île d'une invasion franco-espagnole en battant la flotte française au large des Saintes, en Guadeloupe. Cette prouesse lui a valu d'être honoré par un monument fort coûteux. Sous une coupole flanquée de deux canons, la statue en marbre de l'amiral Rodney réalisée par Bacon, un artiste anglais du XVIIIe siècle, pèse 200 tonnes. Derrière, les Archives nationales de la Jamaïque.

© JAMAICA TOURIST BOARD

Mémorial Admiral Rodney.

PEOPLE'S MUSEUM OF CRAFTS & TECHNOLOGY

King Street
✆ +1 876 922 0630
museums-ioj.org.jm
nmj@museums-ioj.org.jm
Old King's House abrite le musée de l'Artisanat et de la Technologie dans ce qui était autrefois les étables. Des outils datant d'un autre siècle évoquent les vieux métiers. L'édifice de style géorgien, édifié en 1762, est l'ancienne résidence du gouverneur. Seule sa façade de briques rouges a été sauvée lors de l'incendie qui la détruisit en 1925 et c'est depuis ses marches que, le 1er août 1838, la déclaration d'émancipation des esclaves a été prononcée.

CASTLETON

Au nord de Kingston, une petite escapade peut offrir un bain de rivière à Castelton Garden, sous la protection de plus de mille espèces de plantes tropicales !

L'EST

La magie de Kingston et de ses environs ne suffira pas si vous voulez vous faire une juste idée de la Jamaïque. Il faut coûte que coûte faire un tour en province, « in the country », comme on dit ici. L'une des options est de faire un tour complet de l'île, de Kingston à Kingston. Pour cela, nous vous recommandons en tout premier lieu de mettre le cap vers l'est. On peut aussi faire une randonnée dans la montagne dans le charme des imposantes Blue Mountains, le paysage montagneux le plus spectaculaire de la Jamaïque...

LES BLUE MOUNTAINS

Un nom qui éveille l'imagination... C'est parce qu'au petit matin, leurs mamelons apparaissent bleus dans la lumière vibrante du soleil levant, et que, certains soirs, dans les brumes d'un fin brouillard, elles prennent des tons bleu sombre, qu'on les appelle les Montagnes Bleues. La chaîne montagneuse aux pentes abruptes domine la plaine côtière, s'étendant de Kingston à Port Antonio. Les montagnes sont recouvertes d'une épaisse végétation, grâce à d'importantes précipitations alimentant de nombreuses cascades et rivières ; un véritable cadeau du ciel aussi pour les plantations de café et les cultures vivrières, qui se développent à flanc de montagne. Jusqu'à un passé récent, seul un réseau d'étroits sentiers muletiers, entretenus par les fermiers pour acheminer leurs produits aux marchés de la capitale, parcourait les montagnes. Le temps passant, les mules ont été remplacées par des camions et beaucoup de ces sentiers ont aujourd'hui disparu pour être remplacés par deux routes principales, celle qui conduit de Anotto Bay à Kingston et celle menant de Buff Bay à Kingston, via Newcastle. Cette deuxième route, bien que longue et escarpée, parfois difficile, est la plus spectaculaire. Très proches de la capitale, les Blue Mountains offrent des possibilités d'escapade d'une journée ou d'excursion guidée sur plusieurs jours. On y fait même parfois un saut tardif pour échapper à la touffeur de Kingston et y dîner à la fraîche, dans des restaurants réputés pour leur cuisine et leur panorama. Les Blue Mountains permettent de multiples possibilités de trekking dans une région encore vierge de développement touristique. Enfin, les moins sportifs pourront aussi découvrir ces merveilleux paysages à bord d'un véhicule, un 4x4 climatisé de préférence. Les routes principales, quoiqu'un peu dégradées et très tortueuses, sont praticables en voiture classique, chaque virage dévoilant dans une sérénité absolue des échappées spectaculaires sur de somptueux paysages tropicaux.

GORDON TOWN

En prenant à droite à Cooperage, la route se lance à l'assaut des montagnes. On traverse vite Gordon Town, un petit village fondu dans la forêt tropicale luxuriante, avant de poursuivre vers Guava Ridge puis Mavis Bank, et enfin vers le plus haut des sommets de la chaîne, le Blue Mountain Peak. A partir de Mavis Bank, les transports publics s'arrêtent et il vaut mieux demander les services de chauffeurs de jeep habitués du coin.

IRISH TOWN

En route vers Newcastle, on traverse Irish Town, où de nombreuses maisons ont conservé des noms irlandais, témoins d'une époque coloniale encore très présente, puis Redlight, un petit village où les soldats de la garnison voisine venaient s'encanailler autrefois. Aujourd'hui, les deux villages perchés dans la montagne sont connus pour les hôtels qu'ils abritent, nichés au milieu d'une végétation luxuriante de bambous et de plantations de café, offrant une vue époustouflante sur la vallée, Kingston et la mer en toile de fond.

NEWCASTLE

A l'approche de Newcastle, de coquettes maisons aux exubérants jardins fleuris se détachent des collines. La route est en piètre état. Elle se poursuit tortueuse, tout en lacets, longue succession de virages étroits, jusqu'au village de Hardwar Gap, traversant de très beaux sous-bois touffus. Les ornithologues amateurs pourront y observer un ballet incessant d'oiseaux exotiques... A Section, la route se sépare. Au nord elle s'en va vers Buff Bay (seuls les véhicules 4x4 peuvent l'emprunter), à l'est elle vire vers Guava Ridge et Mavis Bank, le chemin des Blue Mountains. Auparavant, Newcastle accueillait une base militaire britannique, depuis 1962 les locaux abritent un centre de formation de l'armée Jamaïcaine.

BLUE AND JOHN CROW MOUNTAINS NATIONAL PARK ★★★

Ce parc national, créé en 1990, est le seul de l'île. Il est classé au patrimoine mondial de l'UNESCO depuis 2015, en raison de son incroyable diversité animale et végétale. Avec une surface de près de 500 km², il couvre environ 4,5 % du pays ! Sur cette surface, seuls 26 000 hectares sont classés au Patrimoine mondial. On estime que 40 % des fleurs de cette zone n'existent nulle part ailleurs dans le monde et que ces montagnes abritent environ 150 espèces d'oiseaux et de nombreuses espèces animales rares. On vient ici surtout pour gravir le Blue Moutain Peak, qui culmine à 2 256 mètres d'altitude, et d'où l'on peut apercevoir Cuba par temps clair !

BLUE MOUNTAINS PEAK ★★★

Il faudra se rendre d'abord à Mavis Bank pour faire l'ascension du pic des Blue Mountains. En général, l'acheminement se fait en 4x4 depuis Kingston en tour organisé, dans la journée pour le coucher de soleil, dès minuit pour le lever du soleil. Une expérience inoubliable assez sportive mais réalisable par beaucoup de monde. Si vous préférez l'improvisation, vous pouvez vous rendre en minibus jusqu'à Mavis Bank et négocier en direct avec des guides spécialisés en 4x4 pour réaliser une partie de piste puis l'ascension guidée jusqu'au sommet. Egalement, le Blue Ridge Cottage, qui organise l'excursion.

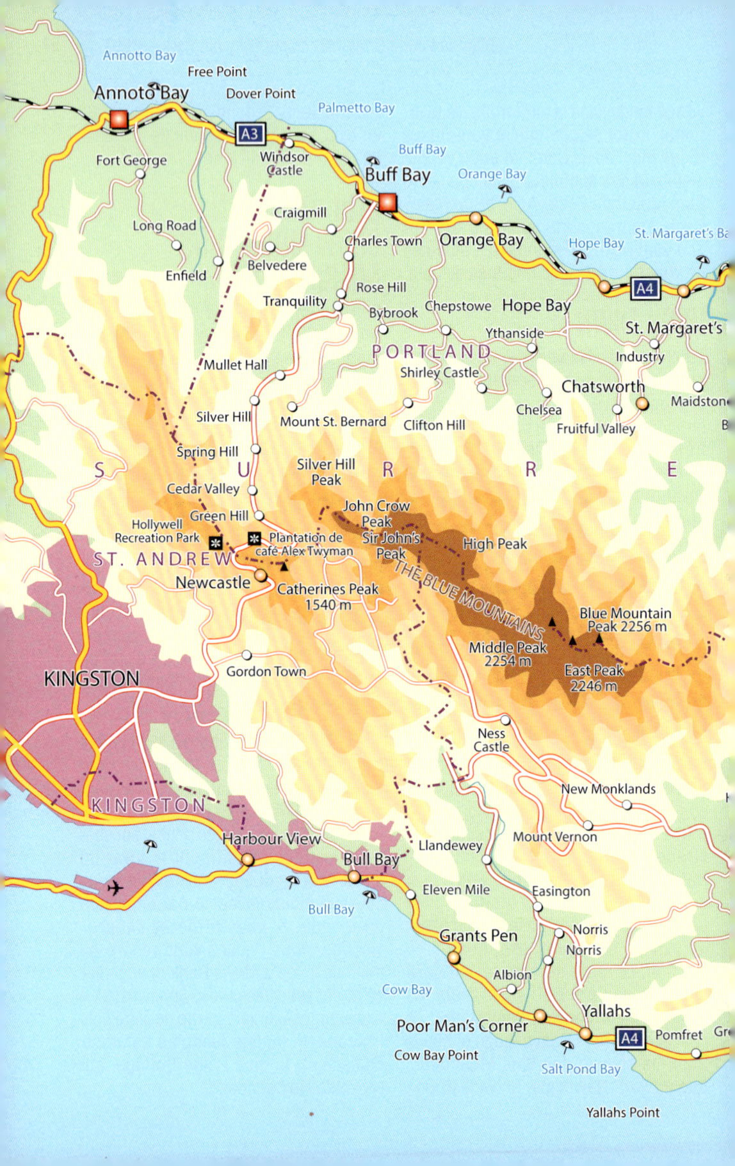

Annotto Bay
Free Point
Annoto Bay
Dover Point
Palmetto Bay
A3
Windsor Castle
Buff Bay
Buff Bay
Orange Bay
Fort George
Craigmill
Long Road
Charles Town
Orange Bay
Hope Bay
St. Margaret's Ba
Enfield
Belvedere
Rose Hill
A4
Tranquility
Bybrook
Chepstowe
Hope Bay
St. Margaret's
Ythanside
PORTLAND
Industry
Mullet Hall
Shirley Castle
Chatsworth
Maidstone
Silver Hill
Mount St. Bernard
Clifton Hill
Chelsea
Fruitful Valley
Spring Hill
Silver Hill Peak
S
U
R
R
E
Cedar Valley
John Crow Peak
Green Hill
Hollywell Recreation Park
Plantation de café Alex Twyman
Sir John's Peak
High Peak
ST. ANDREW
Newcastle
THE BLUE MOUNTAINS
Catherines Peak 1540 m
Blue Mountain Peak 2256 m
Middle Peak 2254 m
East Peak 2246 m
Gordon Town
KINGSTON
Ness Castle
New Monklands
KINGSTON
Harbour View
Mount Vernon
Llandewey
Bull Bay
Eleven Mile
Easington
Bull Bay
Grants Pen
Norris
Norris
Albion
Cow Bay
Yallahs
Poor Man's Corner
A4
Pomfret
Cow Bay Point
Salt Pond Bay
Yallahs Point

MER CARAÏBE
Altitude (en mètres)
2000
1500
1000
750
500
0
Marais
Voies rapides
Routes importantes
Routes secondaires
Voie ferrée
Limites de paroisse
Zones urbaines
Villes importantes
Villes secondaires
Autres localités
0
20 km
N
EST
Navy Island
Frenchman's Cove
Fairy Hill Bay
Blue Lagoon
Boston Bay
Port Antonio
Fairy Hill
Boston Bay
Northeast Point
Booby North Point
Fellowship
Priestmans River
Fair Prospect
Long Bay
Long Bay
Windsor
Seaman Valley
Bellevue
Rural Hill
Devils Elbow
Alligator Church
Kensington
Robins Bay
A4
Cornwall Barracks
Comfort Castle
JOHN CROW MOUNTAIN
Reach
Millbank
Innes Bay
Williamsfield
ST. THOMAS
Hectors River
Booby South Point
Holland Bay
Serge Island
Wheelerfield
Bachelors Hall
Sunning Hill
Whitehall
Bath
Amity Hall
Golden Grove
Seaforth
Spring Garden
Jardin botanique
Duckenfield
Morant Point
Wilmington
South East Bay
Phillipsfield
Morant Bay
Port Morant
Folly Bay
White Horses
Lyssons
Rocky Point
South East Point
Foul Bay
Belvedere
Old Pera
Rocky Point Bay
Fishermans Bay
Port Morant Bay

L'ascension. Ce n'est qu'au prix d'une lente ascension de 3 heures dans la forêt tropicale que vous assisterez à ce spectacle inoubliable que constitue un lever de soleil sur les Blue Mountains, ou après une ascension sous le soleil de 3 heures pour voir le coucher de soleil ! L'été, de juin à septembre, est la meilleure période pour l'ascension du pic : les nuits ne sont pas trop fraîches et les petits matins généralement dégagés. On peut même voir Cuba avec un peu de chance ! Cette excursion se réalise obligatoirement avec un des guides spécialisés autorisés à le faire, indispensables si l'on grimpe de nuit pour votre sécurité. Si vous grimpez pour le coucher de soleil, vous redescendez la nuit à Kingston ou en refuge, si vous arrivez la nuit depuis Kingston ou dormez en refuge, vous partez faire l'ascension à partir de 3h du matin. La seconde option est la plus spectaculaire et le ciel a plus de chance d'être dégagé le matin. Une sacrée marche, et un moment mémorable qui se mérite ! On progresse lentement à la lueur des torches, dans un silence ponctué de bruissements d'insectes et de cris d'oiseaux nocturnes, pour se terminer 10 km et 3 ou 4 heures plus tard, au sommet du pic. La randonnée, sans être réservée aux marcheurs chevronnés, n'est pas toujours facile – ne pas se laisser décourager par l'échelle de Jacob, l'un des passages les plus abrupts, et ne pas s'arrêter au Lazy Man's Peak, le sommet de l'homme paresseux – et peut paraître longue.

Bivouac ou halte. Un poste de contrôle à Portland Gap permet de camper ou de remplir ses gourdes. Des bungalows très rustiques sont aussi à louer. Une belle expérience en pleine nature mais aussi au froid ! Ensuite, on traverse une végétation dense d'arbres gigantesques, de bambous, bananiers et cocotiers, de lianes et de fougères géantes. Mais quel bonheur, au bout du chemin incertain, de s'asseoir triomphant sur une éminence qui domine toute l'île.

Blue and John Crow Mountains National Park.

Le panorama saisissant qui se déploie au pied de la montagne mérite vraiment l'effort. On assiste alors au lever du soleil sur la mer et au changement de couleur des montagnes, du bleu profond au vert intense. Là où le regard se pose, les paysages sont extraordinaires, sauvages et inexplorées avec, de part en part, l'esquisse d'un village ou les reflets d'une rivière. Avec un peu de chance et si le temps est particulièrement clair, on a le privilège d'apercevoir l'île de Cuba posée sur l'horizon caraïbe. Au retour, la somptueuse forêt tropicale s'offre aux marcheurs dans un concert de chants d'oiseaux.

Conseils. Attention, les nuits peuvent être très fraîches pour ces latitudes (5 à 13 °C en moyenne), et humides. Prévoir des vêtements et chaussures en conséquence. L'équilibre de l'écosystème des Montagnes Bleues est fragile, aussi il faut bien évidemment respecter les règles communes (ne pas cueillir des plantes, etc.).

HOLYWELL RECREATION PARK

✆ +1 876 960 2848

blueandjohncrowmountains.org

Rattaché au parc national des Blue Mountains depuis 1993, le parc a beaucoup souffert du cyclone Gilbert en 1988. De nombreux arbres ont péri dans la tourmente, mais un plan de reboisement actif a été mis en place, qui commence à porter ses fruits. Outre quelques pistes de randonnées qui promettent de belles découvertes, le parc comporte une aire de pique-nique aménagée et très fréquentée par les Kingstoniens en fin de semaine. On peut aussi y camper, à condition d'avoir prévu son matériel (sinon des cabines en bois peuvent être louées pour la nuit), avec l'autorisation des *rangers* dont la station se trouve à l'entrée. Ces derniers renseignent les visiteurs sur les balades possibles à partir du parc et peuvent guider des randonnées. Récemment un bar restaurant a ouvert ici aux mêmes horaires que le parc.

- **Hollywell Coffee Tour.** 2 options s'offrent à vous : 2h30 dans une plantation voisine, ou le tour « Nature & Coffee » avec une balade autour de la ferme incluse.
- **Hollywell Nature Walks.** Pour partir à la découverte de la faune et de la flore jamaïcaines. Si vous voulez particulièrement observer les oiseaux, il faut se rendre à 6h à la réserve (sur réservation) et partir avec un guide.
- **Gordon Town ou Redlight Trail.** Sentiers qui vont jusqu'aux villages situés dans la vallée.
- **Blue Mountains Peak Hike.** Randonnée sur un sentier d'environ 9 km sur un terrain escarpé (environ 4h) depuis Mavis Bank (de l'autre côté du massif). Le parc est soumis à une entrée payante pour l'ascension.

MAVIS BANK

Mavis Bank est la dernière localité sur la route des Blue Moutains. On peut y arriver en minibus depuis Papine, mais la route s'arrête ici. Si vous continuez faire l'ascension du pic, il faudra payer un transport privé. Des hôtels proposent ici cette solution, ainsi que des guides locaux. Vous pouvez aussi simplement rester dans le village pour profiter de son ambiance paisible.

LA CÔTE

En partant de Kingston vers l'Est, vous découvrirez d'abord Bull Bay, dont les montagnes hébergent le siège de l'aile rastafarienne dure, orthodoxe, fondée par le prince Emmanuel : les Bobo Shanti. Saint Thomas, la plus abandonnée des paroisses de la Jamaïque, s'offrira à votre curiosité. Cette paroisse est le berceau de ce qu'il faudrait appeler le vaudou jamaïcain, le Kumina, une survivance des traditions religieuses africaines. A Morant Bay, la capitale, vous pourrez visiter le lieu de naissance de l'un des héros de la Jamaïque, Paul Bogle. Laissant les côtes abandonnées de Saint Thomas vous vous laisserez happer graduellement par la beauté de la paroisse de Portland, dont Port Antonio est un joyau toujours redemandé par les touristes et les locaux – « *le plus ravissant port du monde* » dit-on. Avant de continuer vers le nord, vous pourrez faire une halte à la célèbre James Bond Beach, dans la communauté d'Oracabessa.

BULL BAY

A Bull Bay, à 13 km à l'est de Kingston, existe une charmante plage de sable noir appelée Cable Hut, plage locale où vous pourrez rencontrer et discuter avec des Jamaïcains du coin. L'entrée coûte 100 JMD. Non loin de Bull Bay se trouve également Cane River Falls, dont les cascades sont réputées pour avoir été l'endroit favori de Bob Marley qui aimait venir y laver ses locks.

MORANT BAY

Perchée sur une petite élévation, la ville de Morant Bay n'est pas une halte touristique très courue. Cette bourgade de quelque 10 000 habitants est surtout célèbre pour avoir été le théâtre de l'une des dernières révoltes des Noirs. Cette rébellion a fait de nombreuses victimes des deux bords, et s'est terminée par une répression sanglante, marquant une étape décisive sur la route vers l'indépendance. La manifestation se voulait initialement pacifique, mais une émeute a éclaté et la police a tiré sur la foule, faisant de nombreuses victimes.

En représailles, les insurgés ont mis le feu au palais de justice. Malheureusement, l'incendie s'est propagé et a détruit une grande partie de la ville. Le gouverneur de l'époque, Edward Eyre, prendra des mesures de répression extrêmes. Les deux leaders seront pendus haut et court, sans autre forme de procès, et les représailles dans la paroisse de Saint Thomas seront très sévères : maisons pillées, brûlées, exécutions sommaires... Cette riposte sans discernement coûtera sa place au gouverneur, rapidement destitué et rapatrié par un gouvernement anglais soucieux de maintenir un semblant d'équité dans sa colonie, et sensible à une opinion publique progressiste. Aujourd'hui, Morant Bay, gros bourg tranquille aux maisons en bois, peintes de couleurs vives et de style caraïbe traditionnel, coule des jours heureux et paisibles loin des circuits touristiques classiques. Plus rien ne subsiste de l'ancienne ville coloniale. Le centre ne connaît une certaine effervescence que les jours de marché.

La route entre Kingston et Morant Bay longe la côte, et ne s'en écarte que rarement. Elle serpente entre mer turquoise et collines d'un vert profond, dans un écrin de végétation tropicale luxuriante, traversant des villages de pêcheurs animés et des petites communautés rurales. A hauteur du village de Yallahs (à 18 km de Kingston), une immense lagune aux eaux boueuses, protégée de la mer par un mince cordon littoral, déploie un panorama désolé. Des salines datant de l'époque coloniale y sont encore exploitées. Les anses rocheuses aux falaises déchiquetées sur lesquelles une mer agitée répète inlassablement ses assauts proposent des points de vue spectaculaires. Les petits étals de fruits tropicaux très colorés (ananas, bananes, noix de coco, mangues, oranges, etc.) sont légion tout au long de la route, prétextes à des haltes rafraîchissantes.

PORT MORANT

Situé au fond d'une grande anse naturelle, le village n'a d'autre intérêt historique que son port, qui a vu arriver le premier arbre à pain. C'est au fameux capitaine Blight que les Caraïbes doivent cette plante, même si cet homme de mer est plus connu pour ses mésaventures avec l'équipage du *Bounty*, l'un des navires qu'il a commandés, que pour sa contribution à l'internationalisation d'espèces botaniques. En 1795, le fameux capitaine, de retour de l'océan Pacifique, s'est arrêté en Jamaïque où il a déchargé sa précieuse cargaison organique à Port Morant. Il a reçu de l'Assemblée jamaïcaine une grosse récompense pour sa contribution au développement agricole de l'île. Replanté dans les jardins botaniques de Bath, une station thermale voisine, l'arbre à pain s'est si bien adapté au climat et aux conditions locales qu'il a proliféré, devenant très populaire pour son fruit qui fait désormais partie des ingrédients incontournables de la cuisine jamaïcaine traditionnelle. Aujourd'hui, Port Morant est un port de transit de denrées agricoles principalement destinées à l'exportation.

BATH

Bath est connu dans toute l'île pour ses sources thermales régénérantes. La direction de Bath est bien indiquée à l'entrée de Port Morant, n'étant distant que d'une dizaine de kilomètres. La route y menant serpente entre cocotiers et bananiers, flamboyants et manguiers, dans une végétation généreuse, traversant de petits hameaux tranquilles. A l'entrée du village de Bath, il faut tourner à gauche avant la petite église de pierre pour atteindre les sources. La route longe ensuite une petite rivière, la Garden River, et se termine 2 km plus loin en cul-de-sac sur un bâtiment quelque peu vétuste qui abrite les thermes de Bath et l'hôtel du même nom. Sur le parking, vendeurs et guides harcèlent les quelques visiteurs de passage de propositions en tout genre : fruits, boissons ou excursions à la source de la rivière. Si votre temps est compté sur l'île, mieux vaut passer votre chemin. Bath n'est pas un incontournable de la Jamaïque.

Piscine naturelle près de Reach Falls.

BAINS ★

Ces sources d'eau minéralisée sont riches en soufre et en magnésium et soulagent les problèmes rhumatismaux et cutanés. Situées à l'écart des grands axes touristiques, elles sont aujourd'hui presque tombées en désuétude. Elles ont pourtant connu une brève vogue au XVIIIe siècle et Bath est devenu une villégiature chic fréquentée des seuls notables. Les bains qui sont au rez-de-chaussée de l'hôtel sont en mauvais état. Compte tenu de la forte minéralité des eaux, la séance n'excède pas 20 minutes. Attention aux guides qui pratiquent des prix exorbitants.

JARDIN BOTANIQUE

Créé en 1779, c'est l'un des plus anciens jardins botaniques du pays. Comme le village, il a lui aussi connu de meilleurs jours quand les dames britanniques en cure venaient se reposer à l'ombre généreuse de ses grands arbres. La visite est une halte reposante. Vous y découvrirez de nombreuses plantes exotiques comme des bougainvilliers, des manguiers et le fameux *breadfruit,* l'arbre à pain, qui a été ramené d'Océanie par le capitaine William Bligh en 1793 et acclimaté ici avant de proliférer et dont le fruit est un ingrédient de la cuisine jamaïcaine.

MORANT POINT

La péninsule de Morant Bay marque la pointe extrême orientale de l'île. C'est un grand marais couvert d'une végétation désolée de mangrove. La région est surtout visitée pour son phare haut d'une trentaine de mètres. Ce phare, le

Baignade aux Reach Falls.

plus vieux de l'île, est classé monument national. Il a été construit en 1841 par d'anciens esclaves.

REACH FALLS ★★

Dix minutes d'une belle route de montagne conduisent aux chutes spectaculaires qui ont servi de décor à la célèbre scène d'amour du film *Cocktail* avec Tom Cruise. En général, beaucoup d'animation dans cet endroit magique, idéal pour se faire masser le dos par les puissants jets d'eau... Piscine naturelle rafraîchissante, pas trop de monde car elles sont beaucoup moins fréquentées et moins chères que celles de la côte nord-ouest : Dunn's River et YS Falls. Un incontournable de l'île.

■ REACH FALLS ★★

✆ +1 876 993 6683 – www.udcja.com
reachfalls@udcja.com

Site magnifique, au cœur de la forêt Montane, qui offre plusieurs chutes ainsi que des bains aux eaux cristallines. Il a été découvert par un esclave en fuite dans la John Crow Mountain Range. Le parcours aménagé est accessible avec un guide, qui connaît les moindres recoins où s'émerveiller. Au choix, empruntez le parcours dans l'eau de 40 minutes, ou à travers la végétation, plus court. Si vous êtes chanceux, vous apercevrez des cochons sauvages. Attardez-vous aussi sur les 23 espèces de fougères différentes et des oiseaux endémiques du site.

LONG BAY

La Mecque jamaïcaine du surf est une longue plage de sable blanc baignée par une mer aux vagues parfois violentes. Long Bay est sans doute l'une des plus belles anses de la côte, l'une des plus sauvages aussi. Mais, avant de devenir un spot recherché, Long Bay était un village de pêcheurs, activité qui demeure aujourd'hui sa principale ressource. Quelques pêcheurs se sont reconvertis et proposent des balades en bateau le long de la côte.

BOSTON BAY

A perte de vue autour de Boston Bay, la terre appartenait à Errol Flynn, cette star de Hollywood qui, à l'occasion du naufrage de son voilier, est tombé amoureux de la Jamaïque et tout particulièrement de la région de Portland. Formidable moteur du développement touristique local, il a acheté d'immenses propriétés qu'il a transformées en élevages et en exploitations agricoles, où il s'est retiré après une carrière cinématographique bien remplie, et que sa veuve gère encore aujourd'hui.

Boston est un gros bourg connu à plus d'un titre, côté pile gastronomie, côté face sport.

Côté gastronomie, le Boston Style Jerk... tout un programme ! Beaucoup d'échoppes de jerk prétendent cuisiner à la bostonnienne car Boston est réputée dans toute l'île pour être le berceau du jerk, cette méthode de cuisson héritée des *Maroon*. C'est à Boston, ainsi le dit l'histoire, que les Marrons cuisaient la viande de gibier, copieusement épicée, sur des grils faits de branches de pimento, l'arbre qui fournit le poivre-cannelle. De nombreux stands vendent au poids de la viande cuite façon jerk, enveloppée dans du papier aluminium et à dévorer avec la seule aide des doigts. Côté sport, Boston est réputé pour ses gros rouleaux qui attirent les surfeurs de l'île et d'ailleurs. La petite plage est jolie avec un caractère plus sauvage que la plupart de ses voisines. Les amateurs de farniente et de mer calme préféreront la plage de Winnifred dans le village voisin de Fairy Hill, distant de 3 km sur la route de Port Antonio, l'une des plus idylliques de la région. Pour l'atteindre, il faut prendre la route principale et tourner à droite à la hauteur de la guérite d'un artisan qui fabrique des paniers et autres objets de vannerie.

Vue sur le Blue Lagoon.

PORT ANTONIO ★★

« Le plus ravissant port du monde », selon la poétesse Ella Wheeler Wilox, se love dans un site exceptionnel, un double amphithéâtre vert formé de deux baies jumelles aux eaux turquoise, entre mer des Caraïbes et Montagnes Bleues, surplombé en son centre par la petite colline de Tichfield et protégé au large par Navy Island. Harmonie, sérénité, langueur tropicale, parfum de colonialisme britannique, l'endroit possède un charme indicible, hors du temps et sans pareil, à tel point qu'Errol Flynn prétendait qu'il n'avait « jamais rencontré de femme aussi belle que Port Antonio ». Souvent oublié des touristes, Port Antonio offre pourtant une escale de choix lors de votre séjour en Jamaïque.

LES ENVIRONS DE PORT ANTONIO
MER CARAÏBE
0
2 km
Curiosité
Aérodrome
Welsh Womans Pt
Hope Bay
St. Margaret's Bay
Aérodrome
Chutes Somerset
St-Margaret's Bay
vers Crystal Springs et Hope Bay
Content
Industry
Shrewsbury
Rock Hall
Fruitful Vale
Chatsworth
Durham
Coopers Hill
A4
Burlington
Cuffie Head
Darley
Maidstone
Rio Grande
Berridale
Mother Beck's Beach
Bryans Bay
Navy Island
Phare
Folly Point
St. Margaret's Bay
PORT ANTONIO
Breastworks
Nonsuch
Jardins Atherny et grottes Non Such
Fellowship
Toms Hope
Turtle Crawle Harbour
Sanku Bay
Frenchman's Cove
Drapers
San San
Blue Lagoon
Winnifred Beach
Fairy Hill Bay
Dragon Bay
Fairy Hill Beach
Fairy Hill
Boston Bay
Boston Bay
Sherwood Forest
Sherwood Forest
Errol Flynn Estate
Priestman River
Islington

BLUE LAGOON ★★★

Zion Hill
Portland
S'il est un *must* touristique dans la région de Portland, c'est bien le Blue Lagoon, qui s'appelait «Blue Hole» pour les locaux mais qui a été rebaptisé après le film *Blue Lagoon* tourné ici par Brooke Shields dans les années 1980. Célèbre bien au-delà des frontières jamaïcaines pour ses eaux aux mille couleurs changeantes, du bleu azur au vert profond, et pour sa profondeur... inconnue jusqu'à ce jour. On dit que même le capitaine Cousteau n'a pas pu en atteindre le fond... En tout cas, la version officielle l'estime à plus de 60 m. Protégée par un récif de corail, sertie dans un profond écrin de verdure, la baie déploie nonchalamment ses eaux tranquilles dans un cadre absolument féerique. A tel point que les réalisateurs de cinéma l'ont inscrit parmi les décors naturels les plus extraordinaires du monde. On dit qu'un dragon se cacherait ici, on dit aussi que l'eau verte du lagon, alimentée par des sources souterraines fortement minéralisées, possède des vertus de jouvence. Vous pouvez toujours vous y plonger pour un moment de détente régénérant. Mais mieux vaut venir très tôt le matin pour avoir le bonheur de nager au calme dans ce joyau naturel.

La visite. Le site laissé à l'abandon par les propriétaires est géré par des locaux. L'entrée est gratuite, quoi qu'on vous dise. Une partie du Blue Lagoon est accessible aux clients de l'hôtel Kanopi. Pour se baigner, c'est gratuit ; mais des locaux demandent une contribution pour «garder» la voiture. Puis des rabatteurs tentent de vous vendre tours en bateau et artisanat. Vous allez être très sollicités, restez courtois, mais fermes. Sachez choisir un guide rapidement et négocier (ferme là encore). Une concurrence acharnée fait rage pour embarquer les touristes à bord de bateaux... à moteur. Ces derniers tournent sans arrêt dans le lagon pour déposer et embarquer les

Vue sur Blue Lagoon depuis une villa.

Château Trident.

touristes. Une catastrophe écologique dont l'administration n'a que faire. Deux options : aller/retour juste sur Monkey Island au centre (1h sur place) où se trouvait un restaurant avant l'ouragan Ivan, ou un tour en passant dans la baie, devant les villas de luxe jusqu'à la plage du film *Cocktail*. Une alternative intéressante non polluante et beaucoup plus agréable est proposée : la location de kayak, plus tranquille que la boucle fréquentée par des hordes de touristes car vous êtes libres d'aller ou vous voulez dans le lagon, le tout au même prix (négocié là encore). Troisième option, la visite en raft en bambou, mais qui n'a guère rien de plus à offrir excepté un passage le long des villas, pour un prix plus élevé bien sûr.

■ CHÂTEAU TRIDENT

En bord de route et de côte, apparaissent des tourelles blanches aux toits d'ardoise d'allure médiévale. Un merveilleux château de contes de fées construit en 1979 par l'architecte Earl Levy. Dressé à la pointe de Turtle Crawle Harbour, niché dans un immense parc luxuriant, le château Trident a eu une histoire mouvementée. Il a fait l'objet de sombres rivalités et jalousies, et l'édification du Jamaica Palace serait un défi au propriétaire d'alors. A l'entrée, un couple d'impressionnants crocodiles de pierre monte la garde d'un majestueux escalier.

■ CHRIST CHURCH PORT ANTONIO

Harbour St,

Au cœur du centre-ville historique de Port Antonio, l'église de brique rouge encore en service a été construite en 1840 et restaurée au début du siècle dernier. Son architecture contraste avec le reste de la ville moderne, en brique et aux ouvertures rehaussées de blanc. Un lutrin de cuivre offert par le capitaine Baker, fondateur de la Boston Fruit Company, est présent à l'intérieur. Endommagée après le passage d'une tornade en 1903, elle fut complètement restaurée en 1911.

FRENCHMAN'S COVE ★★★

Juste avant San San Beach à Draper
✆ +1 876 227 8257
www.frenchmanscove.com
frenchmanscoveresort@gmail.com

L'Anse du Français est la plage la plus photographiée et la plus connue de la Jamaïque, et ce n'est pas sans raison car elle est sans aucun doute l'une des plus belles plages. Parenthèse de sable blanc immaculé, cernée par deux éminences rocheuses qui s'effritent dans la mer, la plage est profonde, plantée de hauts cocotiers qui filtrent la lumière dorée d'un soleil tropical sans concession. Dans les années 1950, ce petit coin de paradis était l'un des hôtels les plus chers du monde. Aujourd'hui, forte de ce passé glorieux, la propriété vit sur sa réputation bien que son étoile ait singulièrement décliné. Les neuf villas et chambres à louer sont dispersées dans les collines au-dessus de la plage. Pour conserver à l'endroit son côté exclusif et privilégié, seules 60 personnes sont acceptées sur la plage (de taille réduite), et une fois le quota atteint, il faut attendre d'éventuelles sorties pour espérer entrer. La consigne est donc d'arriver tôt le matin... Location de chaises longues et de parasols.

- **Sur le côté gauche de la plage**, se trouve l'embouchure d'une toute petite rivière qui termine son cours langoureux en une piscine d'eau douce et fraîche ombragée de grands arbres. Entre l'eau douce et fraîche et l'eau de mer salée et plus chaude, le corps balance…
- **Un restaurant** sert quelques plats et d'excellents cocktails à prix raisonnables.
- **Un vendeur de bijoux** (un petit vieux sympathique) sur le chemin propose de très jolis colliers bracelets en turquoise, perles et autres pierres semi-précieuses à prix très raisonnables.

MUSGRAVE MARKET

West Street

C'est une visite à ne pas rater pour s'imprégner d'une ambiance jamaïcaine authentique. Le marché d'alimentation, haut en couleur et riche de senteurs, est situé en plein centre-ville, entre Port Antonio Square et Main Square. La structure initiale date de la fin du XVIIIe siècle. Il est toujours animé, mais plus encore les vendredis et samedis matin. On y trouve en plus des légumes et fruits colorés, du marché de viande et poisson, des stands de vêtements, bijoux, un choix d'artisanat jamaïcain (travail sur bois, peintures...) et de la *streetfood* délicieuse.

NAVY ISLAND ★

Cet îlot de 25 hectares a connu plusieurs existences : base navale, retraite privée de milliardaire hollywoodien (Errol Flynn) puis complexe hôtelier. Initialement baptisée Lynch Island, du nom d'un gouverneur à qui elle avait été offerte en remerciement de services rendus à la Couronne d'Angleterre, l'île est devenue Navy Island quand le premier contingent de marins britanniques y a débarqué pour soutenir les forces militaires alors cantonnées à Fort George, sur la colline de Tichfield, de l'autre côté de la baie. L'île a été transformée en hôpital militaire en 1728. L'histoire de Navy Island est également liée à celle du fruit de l'arbre à pain ramené des îles du Pacifique par le capitaine William Blight. Les 350 plants qu'il a ramenés de Tahiti ont été débarqués à Navy Island, avant d'être transportés au jardin botanique de Bath. Oubliée de

Navy Island.

tous, Navy Island devait connaître un renouveau de notoriété et de prestige quand l'acteur hollywoodien Errol Flynn, grand navigateur, en est tombé amoureux en 1940, lorsqu'il a été dérouté ici par une tempête. Il a acheté l'île pour en faire son repaire favori, loin du stress des studios. C'est lui qui a popularisé la descente du Rio Grande en radeau de bambou, il a même organisé une course de rafts sur le fleuve. A sa mort au début des années 1960, l'île a été revendue par sa famille et a changé plusieurs fois de propriétaires. Puis l'Etat a racheté l'île, désormais vide de toute activité. Elle se contemple depuis les rives à quelques encablures de Port Antonio.

RIO GRANDE – DESCENTE EN RAFTING ★★★

✆ +1 876 913 5434

Vous devrez vous rendre par une route qui monte en lacets jusqu'à Berridale, lieu d'embarquement des rafts. Si vous possédez un véhicule, négociez avant la reconduite de la voiture à l'arrivée de la descente, au Rafters Rest. Si vous n'êtes pas motorisé, un taxi vous y conduira.

Tous les hôtels et les agences de tourisme organisent à la demande l'excursion sur la rivière du Rio Grande, c'est LE meilleur spot de descente en « rafting » jamaïcain. Comprenez une tranquille descente sur un radeau de bambou joliment décoré de feuilles de palmes, fleurs fraîches colorées, sonorisés pour la plupart (mais on peut demander à couper le son). Vous êtes confortablement installés sur une banquette, avec des rapides gentils et pas du tout en mode rafting comme on l'entend chez nous assis sur des boudins pneumatiques accrochés à une corde. De toutes les descentes proposées à travers le pays, c'est probablement celle du Rio Grande qui sort du lot. La balade, qui dure de 2h30 à 3h (contre 1h30 pour la plupart), se déroule dans un cadre de végétation tropicale absolument somptueux, dans un silence profond troué par les chants d'oiseaux.

La plus longue rivière de l'île longe gorges encaissées et rives aux pentes douces sous un ciel azur et un soleil de plomb. Le passage du raft silencieux perturbe à peine la paisible vie paysanne uniquement rythmée par la course du soleil. La descente de rivière en raft de bambou est une activité touristique très répandue et proposée sur de nombreuses rivières à travers le pays. Les longs et les étroits radeaux de bambou de 4 à 5 mètres de long, sillonnaient autrefois le Rio Grande et servaient à descendre les régimes de bananes depuis les plantations et à les acheminer jusqu'aux quais d'embarquement de Port Antonio. L'activité a été popularisée par les premiers touristes de la région et en particulier par l'acteur hollywoodien Errol Flynn, qui vivait dans la région à une époque et organisait des courses de rafts pour le plus grand plaisir de ses célèbres invités. Aujourd'hui, les rafts pour touristes sont légion et confortablement aménagés avec une petite banquette en bambou, parfois même pourvue de coussins et décorés de fleurs tropicales. Un confort appréciable.Sachez qu'on ne s'improvise pas rafter, et s'ils font évoluer leur longue et frêle embarcation sans difficulté dans les méandres de la rivière, la tâche des rafters est beaucoup plus ardue qu'il n'y paraît et demande un long entraînement et une excellente condition physique (ce qui justifie le prix assez élevé de l'excursion). Si vous êtes en couple, ne manquez pas de demander au rafter de vous indiquer l'anse des Amoureux, baptisée ainsi par Errol Flynn, et d'y échanger le traditionnel baiser qui porte bonheur. Un peu kitsch mais amusant !

San San Beach.

SAN SAN BEACH ★★

Entre Frenchman's Cove
et Blue Lagoon

La plage est une longue frange de sable blond à la courbe harmonieuse doucement ombragée par des amandiers et protégée par Monkey Island, un îlot que les petits singes de la forêt tropicale ont depuis longtemps déserté. L'ambiance y est jamaïcaine et familiale. Le bleu de la mer est ici plein de nuances créées par les récifs de coraux juste là. Un spot idéal pour faire du snorkeling et observer la vie marine à portée de palmes masque et tuba (des raies et des étoiles de mer notamment), mais attention à la baignade sans chaussures d'eau avec les coraux.

SOMERSET FALLS ★★

Hope Bay
✆ +1 876 913 0046

La rivière Daniel plonge dans une gorge rocheuse naturelle, nichée dans une végétation de forêt tropicale pluvieuse très dense. Elle forme des cascades

Somerset Falls.

impressionnantes et des étangs d'eau claire bleu verte translucide, une oasis paradisiaque. On peut venir s'y baigner et s'y reposer, ici pas de hordes de touristes, car les cascades, moins impressionnantes et moins connues (et à l'entrée moins chère aussi) attirent davantage de Jamaïcains. Le site est vraiment magnifique, on peut explorer des grottes, s'immerger sous des cascades ou juste nager.

■ WINNIFRED BEACH ★

Petit panneau après Kanopi Hotel, mauvaise piste caillouteuse, allez-y doucement.

Cette belle plage de sable blanc aux eaux turquoise est protégée par un récif corallien. Elle a servi de décor au film *Club Paradise*. Gratuite, mais peu connue des touristes car bien cachée et mal indiquée, il se peut qu'on vous demande une petite contribution pour son entretien. Elle bénéficie d'une ambiance pulsée le week-end par des *beats* reggae et dancehall. Des stands servent une délicieuse cuisine des familles pour un coût modique, *jerk* poulet ou poisson grillé, tandis que des vendeurs proposent colliers et bracelets. Belle ambiance jamaïcaine.

MOORETOWN

Mooretown est l'un des derniers bastions des Marrons – avec ceux d'Accompong (au sud de Cockpit Country) et de Charles Town (Buff Bay). Ces anciens esclaves échappés des plantations, rebelles aux colons anglais qu'ils ont combattu durant de longues années, ont laissé derrière eux une tradition encore vivace, notamment à Mooretown. Le village bénéficie toujours d'une législation héritée des vieux traités historiques qui donnaient aux Marrons un semblant d'autonomie et quelques avantages matériels et fiscaux. Ainsi, les Marrons ne paient pas de taxe sur leur terre, léguée par Nanny... Le village est dirigé par un capitaine, chef des Marrons, aidé d'un conseil élu.

La langue traditionnelle, originaire d'Afrique de l'Ouest, n'est toutefois plus qu'un lointain souvenir et peu de choses subsistent des anciennes traditions africaines. Une rencontre avec les autorités locales peut être organisée par les agences de Port Antonio. On arrive aux chutes d'eau voisines de Nanny Falls au terme d'une balade d'une trentaine de minutes.

ANOTTO BAY

Anotto Bay, qui fut à l'époque des grandes plantations bananières un port prospère, tire son nom de la teinture extraite d'un arbre originaire d'Amérique centrale qui poussait autrefois dans la région. Le bourg traversé par la Pencar River s'étire le long d'une seule rue principale, et ne s'anime que les jours de marché. Les rues conservent un charme vieillot que renforcent les galeries couvertes qui courent le long des anciens bâtiments du centre. On jettera un coup d'œil sur l'ancien tribunal et sur l'église baptiste de 1894, un bâtiment rouge et beige aux arcades romanes (si vous passez un dimanche vers 19h, vous pourrez assister au service chanté façon gospel). La station de chemin de fer est inutilisée depuis le passage en 1980 du cyclone Allan. Pour se restaurer, quelques restaurants à l'ombre des galeries (Pick's Restaurant and Lounge). Et pour se distraire le soir, le Roots Club, avec son animation de gogo dancing, retiendra l'attention.

PORT MARIA

Après la prise de l'île par les Anglais, les anciens noms hispaniques ont été troqués contre des noms anglais tout neufs. Ainsi la région autour de la ville de Puerto Santa Maria a pris le nom de Saint Mary et le chef-lieu est devenu Port Maria. Avec la création des comtés en 1758, Saint Mary est rattaché au Middlesex. Un guide de la paroisse de Saint Mary datant de 1897 la décrit comme « *possédant de prospères ressources agricoles, et des atouts géologiques et physiques, un climat sain, traversée de grandes rivières, possédant un sol fertile qui pourrait produire à peu près n'importe quel produit jamaïcain...* ». Ces arguments auront trouvé une écoute attentive chez les investisseurs coloniaux qui y ont établi d'importantes plantations fruitières. A la fin du XIXe siècle, les principaux produits de la région sont le sucre, le rhum, les oranges et les bananes, le pimento, le café, les noix de coco, les bovins et les chevaux. Le port, autrefois actif, est aujourd'hui bien calme. Les deux piliers de l'économie locale actuelle sont toujours l'agriculture et le tourisme, bien que Port Maria ne soit pas une halte touristique très prisée. En fait, la ville même a bien peu à offrir au visiteur, mais la région est splendide. L'approche de Port Maria par les routes de l'est comme de l'ouest est spectaculaire, les collines plongent dans la mer et dessinent une côte dentelée où se succèdent criques et anses profondes dans un contraste de couleurs saisissant. Au large, l'îlot Cabaritta anime la baie d'un point vert dressé sur la mer turquoise. C'est à cause de sa position stratégique et de la vue panoramique sur la mer Caraïbe que le pirate Henry Morgan avait fait de cette région sa retraite sur la côte Nord de l'île. Depuis, de célèbres artistes et des esthètes moins connus ont élu cette région comme retraite secrète et paradisiaque.

FIREFLY HOUSE ★

Firefly
✆ +1 876 420 5544
firefly-jamaica.com
cathy.snipper@islandoutpost.com

C'est dans cette propriété que l'écrivain et peintre britannique, Noël Coward, a choisi de s'établir à la fin de sa vie. Une simple maison à une chambre qui surplombe sa première maison jamaïcaine, Blue Harbour, baptisée en ode aux eaux turquoise qui la baignent. Dans cette impressionnante demeure de plusieurs niveaux, se côtoyait le gratin du monde artistique. Elle est aujourd'hui transformée en hôtel. Sur la pelouse, une modeste pierre tombale, ainsi qu'une statue de Noël Coward, sculptée par Angela Connors, contemple encore la beauté de la côte jamaïcaine.

ORACABESSA ★

Le nom de cette petite station balnéaire viendrait de l'espagnol Orocabeza, « tête d'or » en français. Autrefois petit port bananier prospère, Oracabessa a vu sa fortune décliner dans les années 1960 et son port abandonné dans les années 1970. La bourgade s'étire le long de la route bordée de maisons banales, qui zigzague entre les collines et la mer. C'est en grande partie sur l'initiative de Chris Blackwell que la bourgade connaît depuis quelque temps un nouvel essor touristique, sans vraiment atteindre le niveau souhaité par le fameux producteur.

JAMES BOND BEACH ★★

Vues les distances que parcourent certains touristes pour y passer un moment, cette plage semble être la principale attraction d'Oracabessa. Pourtant, on est un peu déçu une fois le droit d'entrée acquitté : les deux petites plages aussi connues sous les noms de Laughing Waters Beach et Roaring River Beach sont un peu usées, les transats fatigués et les affiches qui vous accueillent légèrement fanées... Dommage, avec un peu d'entrain et d'entretien ça pourrait être top. Quelques scènes de *Dr No* ont été tournées là, c'est ce qui fait tout son charme.

VISITE

James Bond Beach.

LE NORD

Lorsque vous abordez la côte Nord de la Jamaïque, sachez que vous entrez dans la partie la plus développée de l'île, après Kingston. S'étendant sur trois paroisses (Saint Mary, Saint Ann et Trelawny), le Nord offre incontestablement la plus grande concentration de choses à voir et à faire. Le visiteur qui atteint la paroisse de Saint Ann découvre une zone importante dans l'histoire du développement de la Jamaïque. En effet, cette paroisse que les Jamaïcains ont baptisée du nom flatteur de Garden Parish (la Paroisse Jardin, à cause de la fertilité du sol en toute saison) symbolise tout à la fois le développement touristique et la reconnaissance mondiale de la Jamaïque, étant le lieu de naissance des deux noms qui ont contribué à faire connaître la Jamaïque à l'international : Marcus Garvey et Bob Marley. Vous pourrez aussi voir l'attraction touristique la plus prisée de l'île, les chutes d'eau de Dunn's River. Les paysages magnifiques qui vous portent à Runaway Bay et Discovery Bay laissent entrevoir les imposantes (et souvent hideuses) façades des hôtels all inclusive qui ont poussé par dizaines ces dernières années le long de la mer Caraïbe.

OCHO RIOS ★★

Ochie, pour les intimes, portait comme premier nom espagnol Las Chorreras, littéralement « les chutes d'eau », celles de Dunn's River. Les pirates avaient choisi cette région délaissée par les colonisateurs comme centre d'opérations sur la côte Nord, un emplacement stratégique pour attaquer les galions espagnols sur leur route entre Cuba et

Vue d'Ochos Rios.

Blue Hole ocho Rios.

les colonies espagnoles de l'Amérique du Sud. Tolérée, parfois même encouragée par les planteurs locaux avec lesquels le butin était partagé, la gent pirate a prospéré dans la région, garantissant sa prospérité. Petite cité de bord de mer, Ocho Rios s'est industrialisé au début des années 1940 avec le boom de la bauxite dont certains gisements sont tout proches, et la construction d'un quai en eau profonde, aujourd'hui désaffecté, pour l'embarquement de bauxite.

■ BLUE HOLE ORIGINAL ★

Thatch Hill Road
✆ +1 876 777 5226
coolblueholeochorios.com
coolblueholeja@gmail.com

Le Blue Hole Original est une piscine naturelle au bleu vert splendide, surtout vers midi, avec une série de cascades créant des activités sportives, ludiques (et bien touristiques). Des guides vous attendent des kilomètres à l'avance à pied ou à vélo. L'entrée est payante, et après avoir enfilé des chaussures d'eau, un guide très pro et chaleureux vous accompagne et vous sécurise pour sauter sur des petites cascades, jusqu'à la finale, le grand frisson ! Un bar reggae vous attend en fin de parcours pour barboter dans l'eau translucide en sirotant un verre.

■ BLUE HOLE SPANISH BRIDGE ★★

Spanish Bridge

Un vrai coup de cœur. Au détour d'un virage, une étendue d'eau circulaire d'un bleu turquoise indescriptible se dévoile. C'est l'un des fameux Blue Holes de la région. Tout au long de la rivière, des piscines naturelles se sont formées. Celle-ci, en contrebas de Spanish Bridge, est gratuite (pour l'instant). Un vrai coin de paradis où évidemment les Jamaïcains viennent nombreux en famille. Au milieu des bambous et de la végétation luxuriante, on y accède par une petite échelle. Une pure merveille connue de peu de personnes... alors gardez le secret !

0
10 km
Long Bay
Manatee Hole
Salt Marsh Bay
Half Moon Bay
Cookie Bar Point
Falmouth
Mountain Spring Point
Duncans Bay
Mangrove Point
Greenwood Greathouse
Glistening Waters
Rock
Carey Park
Duncans
Rio Bueno
Fort
Discovery Ba
Stewart Castle
Braco
Colombus Park
Clifton
Granville
Bounty Hall
Etingdon 283 m
Crawle
Brampton
Woods Town
Helicon Vi
Perth Town
Chester
Clarks Town
Jackson Town
Queenh
Wakefield
Reserve
Duanvale
Kinloss
Level Bottom
Sherwood Content
Campbells
Sawyers
Stewart Town
Barbecue Bottom
TRELAWNY
Lime Tree Gard
The Alps
Scarbor
Burnt Hill
Ulster Spring
Watt Town
M
I
D
D
L
Broadleaf
Spring Garden
Albert Town
Cockpit Hill 747 m
Stettin
Warsop
Wait-A-Bit
Troy
Litchefield
Accompong
Craig Head
Lowe River
ST. ELIZABETH
Mount Denham 985 m
Malborough
Auchtembeddie
Lorrimers
Aberdeen
Laughton Town
Coleyville
Oxford
Borobridg
Comfort Hall
Moravia
Raheen
Balaclava
Christiana
Appleton
Siloah
MANCHESTER
Sedburgh
Spaldings
Grant
Maggotty
Lilliput
Green Hill
MILE GULLY MT.
White Shop
Cobblers
Mile Gully
Bogue
Bombay
Upper Morass
Lancaster
Grove Place
Mizpah

Altitude (en mètres)
2000
1500
1000
750
500
0
Marais
Voies rapides
Routes importantes
Routes secondaires
Voie ferrée
Limites de paroisse
Villes importantes
Villes secondaires
Autres localités
MER CARAÏBE
NORD
Runaway Bay
Flag Point
Sandy Bay
Runaway Bay
Laughlands
Priory
St. Ann's Bay
Mamee Bay
Anse des Dauphins
Ocho Rios Bay
Reggae Beach
White River
Chutes de Dunns River
Steer Town
A1
Ocho Rios
Harmony Hall
Content
Retreat
Orange Valley
Philadelphia
Bamboo
Lime Hall
Higgin Town
Canaan Hill 708 m
Pilot
Lower Buxton
Lumsden
Brittonville
Green Park
Harrison Town
Fern Gully
Beecher Town
Colegate
Endeavour
Labyrinth
Hopewell
Gayle
Albion 840 m
Claremont
Golden Grove
Walkers Wood
Alexandria
Nine Mile
Mausolée de Bob Marley
Albion
Friendship 796 m
Phoenix Park
Halifax
ST. ANN
Inverness
Aboukir
Clarcksonville
Unity Valley
Faiths Pen
Cave Valley
Mount Rosser
Corner Shop
James Hill
Bull Head 846 m
Kellits
Ewarton
Vanity Fair
Franckfield
CLARENDON
MANCHESTER
Linstead
Trout Hall
Crooked River
Crofts Hill
Lookout
Kupuis

DOLPHIN COVE OCHO RIOS ⭐

Belmont Road
Quasiment face aux chutes
de Dunn's River
✆ +1 876 974 5335
dolphincoveja.com
info@dolphincoveja.com

Ouverte en 2002, cette attraction accueille chaque jour des centaines de visiteurs venus nager avec les dauphins. Sept dauphins importés du Mexique avec leurs dresseurs hispanophones occupent un bassin de deux hectares. Ils nagent donc dans une baie naturelle fermée par un mur de pierre. Les animaux avalent des dizaines de kilos de poissons par jour pour être admirés, caressés et jeter des hommes en l'air. Ils ne sortent donc jamais, et au contraire reçoivent occasionnellement la visite de comparses libres attirés par leur présence. En ce qui concerne l'approche des dauphins, les visiteurs peuvent choisir entre trois formules : le toucher d'un ponton/*touch encounter*, la moins onéreuse ou celle des mauvais nageurs, le toucher au bain/ *encounter swim*, accompagné d'une démonstration de danse et de jeu, et enfin la totale, le véritable bain avec les dauphins/*swim with dolphins*, pendant 45 minutes. Le clou du spectacle : le « foot push » ou comment être propulsé dans l'eau, puis en l'air, par deux dauphins qui vous poussent par les pieds. Vous serez certainement content de repartir avec vos photos, en train d'embrasser ou de nager avec les dauphins. Depuis peu, vous pouvez aussi nager avec les requins. En dehors de cette attraction centrale, l'Anse des Dauphins est un endroit à taille humaine et possède un mini-zoo dévoilant certaines espèces animales de l'île parmi lesquelles iguanes, serpents, tortues, perroquets... et des pirates ! Sur place : des restaurants, des bars, une piscine et quelques boutiques de souvenirs.

DUNN'S RIVER FALLS ⭐⭐

4 km à l'ouest d'Ocho Rios
✆ +1 876 656 8446
dunnsriverfallsja.com
dunnsriver@udcja.com

S'il est une attraction touristique à ne pas rater en Jamaïque, c'est bien les Dunn's River Falls ! Vous en entendrez parler bien avant d'entrer dans la région d'Ocho Rios et vous les verrez sur tous les dépliants touristiques et cartes postales. Quoi que vous fassiez, vous ne pourrez y échapper, cela relèverait du crime de lèse-Jamaïque ; alors autant s'y résoudre, il faut visiter les chutes de Dunn's River.

Dès l'arrivée, avant même l'entrée dans la propriété, le ton est donné : fléchage, immenses parkings pour bus, banderoles de bienvenue dans toutes les langues, multiples billetteries, files d'attente, tourniquets d'accès, essaims de touristes resserrés autour des bannières des guides, stands de locations de sandales en caoutchouc qui se révèlent bien utiles pour grimper dans le lit des chutes, pistes et escaliers bétonnés... C'est un véritable parc d'attractions, ne vous attendez pas à des chutes sauvages. Quant au charme naturel du paysage, mieux vaut l'oublier, mais il est quand même magnifique et agréable de s'y prélasser.

▶ **Visite.** Le chemin de béton serpente le long des chutes tumultueuses qui dévalent quelque 180 m jusqu'à la mer où la rivière termine son cours. Les chutes impressionnantes s'inscrivent dans un

Chutes de la rivière Dunn.

cadre de verdure luxuriante, alternant cascades turbulentes et piscines naturelles. Certains passages semblent toutefois avoir été domptés et consolidés par la main de l'homme. Le principe de l'attraction consiste à s'intégrer dans une chaîne humaine quasi-permanente et à remonter les chutes laborieusement, à la queue leu leu, main dans la main au milieu des flots tumultueux, avec des arrêts photos organisés. L'ascension dure environ 30 minutes, mais l'effort à fournir n'est pas négligeable. L'aide d'un guide est conseillée car certains passages sont assez périlleux et le courant est par endroits très fort. Les clichés des touristes trempés pris en plein effort par des photographes seront proposés sur le chemin de la sortie. Les moins téméraires pourront faire le choix de l'option sèche et sans émotion, c'est-à-dire descendre et remonter le long des cascades par les escaliers. Au bas des chutes, la plage est agréable et mérite une halte baignade. La sortie du site se fera, sans détour possible, par l'immense marché d'artisanat, évidemment très cher, où les vendeurs passent leur journée assis devant leur stand à interpeller les touristes.

Sur place. Un bar-restaurant et ses quelques tables ombragées sert directement sur le sable des plats simples. On trouve désormais au sein du parc une aire de pique-nique, une aire de jeux pour les enfants et un kiosque à pizzas.

Conseils. Etant donné l'affluence, préférez y aller en semaine le matin plutôt qu'un dimanche après-midi. Evitez les jours d'escale des croisières, et arrivez tôt le matin pour un moment plus intime avec Dame Nature. N'oubliez pas d'emporter pour cette excursion : maillots et serviettes de bain, écran total, tennis ou chaussures d'eau de rigueur, pochette imperméable pour téléphones et change indispensable.

Bon plan : Little Dunn's River sera votre halte d'émerveillement gratuite ! Les chutes de la rivière Dunn's finissent leur cours dans la mer, et ça vaut vraiment le détour. Des courants chauds et froids et des massages naturels sous les cascades viendront parfaire votre pause fraîcheur. Petite plage très appréciée des locaux puisque justement ils y ont accès librement.

ISLAND GULLY FALLS (BLUE HOLE)

Thatch Hill Road ✆ +1 876 783 8915
islandgullyfall.com
islandgullyfalls@gmail.com
Voici un petit joyau caché. Le lieu ne porte pas vraiment le nom de Blue Hole mais les chutes d'eau d'Island Gully Falls proposent la même expérience : se plonger dans une eau au bleu vert profond magnifique et profiter d'un site d'une grande beauté naturelle. Sur place, on peut louer des chaussures d'eau, commander un verre au bar pour le siroter dans l'eau et déjeuner au bon restaurant local qui s'y trouve. Ambiance très jamaïcaine et spot superbe, un bon plan.

JARDINS BOTANIQUES DE SHAW PARK ★★★★

Trop éloigné de la mer au goût des touristes amateurs de sable blanc, l'ancien hôtel Shaw Park a déménagé en bordure de plage à la sortie de la ville. De sa première vie, seuls restent ses dépendances, ses magnifiques jardins luxuriants de 10 ha agrippés aux flancs d'une gentille colline qui domine de façon très spectaculaire Ocho Rios. Fougères, broméliacées, hibiscus, orchidées, anthuriums... L'éloge de la flore locale n'est plus à faire. La végétation s'étage en terrasses qui épousent les flancs de la colline, rafraîchies ça et là par des fontaines. Les visites sont guidées.

KONOKO FALLS & PARK ★

Shaw Park Estate
✆ +1 876 622 1712
konokofalls.com
info@konokofalls.com
La gestion du lieu a changé de mains, et de nom. Le Coyaba Garden est devenu Konoko Falls mais les attractions proposées sur le site ne changent

Jardins botaniques de Shaw Park.

quasiment pas. Les amoureux de la nature ne manqueront pas de visiter ce coquet jardin botanique situé sur les hauteurs de Ocho Rios. Il est planté d'une végétation tropicale dense mais bien domestiquée, mouillé d'une source d'eau douce naturelle qui alimente en grande partie la ville d'Ocho Rios en eau potable, agrémenté d'une petite cascade, d'étangs peuplés de carpes, d'écrevisses ou de mulets... Il offre une promenade agréable et relaxante particulièrement pendant les grosses chaleurs. Remontez les chutes avec votre guide avant de prendre un bain rafraîchissant dans la piscine naturelle Maja. Vous ne manquerez pas de faire aussi une halte au mini-zoo pour découvrir quelques espèces de la faune locale.

Musée. Dans une grande maison de style colonial, le musée retrace à grands traits l'histoire mouvementée de l'île, depuis l'aube de la civilisation précolombienne des Arawak jusqu'à la période post-émancipation, en passant par les heures glorieuses de la piraterie et les heures plus sombres de la lutte des esclaves pour leur liberté. On n'a pas oublié non plus d'y célébrer les grandes figures jamaïcaines originaires de la région, et c'est ainsi que Bob Marley partage un petit espace avec Marcus Garvey. Le bar, halte rafraîchissante, propose des jus de fruits naturels et du café des Blue Mountains. Une bonne halte culturelle et historique au milieu de cet eden terrestre vert.

OCHO RIOS BAY BEACH

Bay Beach

Ocho Rios Bay Beach, aussi connue sous le nom de Turtle Beach, est la plus grande plage d'Ocho Rios. Nichée entre Sunset Jamaica Grande et le port de croisière, elle déroule sa longue et assez large langue de sable blanc dans les eaux calmes et turquoise de la baie. On peut y pratiquer plein d'activités, louer des transats pour se relaxer au calme, elle est sécurisée, peu chère, familiale, très bien tenue et propre. La vue sur la baie est magnifique, gâchée néanmoins (ou alors ça fait partie du spectacle) par un bateau de croisière à l'horizon.

SPRING FIRE WATER ★

Juste avant Saint Ann

Ce site non officiel est une source gazeuse minuscule qui s'échappe de la roche dans un bassin, avant de se jeter directement dans une rivière. La particularité ? Les gaz rendent l'eau inflammable en surface, inondant l'eau de flammes jaunes sur toute la surface du bassin. La démonstration est opérée par quelques rastas qui squattent l'endroit, dans l'attente de visiteurs. Négocier la démonstration avant tout allumage de briquet. En venant d'Ocho Rios, tournez 10 m avant le panneau « Bienvenue à Saint Ann's Bay » à gauche jusqu'à un petit pont, tournez à gauche.

SUGAR POT BEACH

Rio Nuevo

Cette très jolie plage cachée est bordée de végétation et gratuite. Elle est située au bout d'une route torturée (tournez à Cool Oasis Gaz Station), mais elle vaut le détour. Attention, ici outre du sable fin, on trouve pas mal de cailloux, et même des ruines dans lesquelles un restaurant a été aménagé. On vient ici pour profiter de l'ambiance locale tranquille d'un bord de mer à la jamaïcaine, et dévorer une assiette dans ce très bon restaurant, poisson frais et fruits de mer tout juste pêchés, dont un délicieux curry de conques (*curry conch*) ou du crabe.

TURTLE RIVER FALLS AND GARDENS

Eden Bower Road
✆ +1 876 974 5114
turtleriverfallsandgardens.com
turtleriverfallsandgardens@gmail.com
Sur 16 hectares de nature luxuriante, deux rivières se rejoignent en créant 14 cascades à l'eau cristalline, dont 7 sont accessibles. Elles ont toutes un nom. Des paliers, des ponts, des pontons aménagés avec des bancs ponctueront votre balade entre deux baignades dans ces belles piscines naturelles. Il y a des aussi des poissons, des tortues, des oiseaux… C'est un site un peu secret, parfait pour éviter la foule des Dunn's River Falls. Les Turtle Falls sont tout aussi belles.

SAINT ANN

En quittant Ocho Rios vers l'ouest, on dépasse une zone d'exploitation minière de bauxite et le port d'embarquement de minerai, relié à la mine à ciel ouvert par un funiculaire. Capitale de la paroisse du même nom, Saint Ann's Bay est une charmante petite ville bien tranquille à l'écart des circuits touristiques, qui ne possède pas de ressources de nature à retenir longtemps le visiteur. Un rapide tour permettra de prendre le pouls de cette ville commerçante et de voir les quelque vieux édifices du centre.

Autrefois un port actif, la ville a été en partie construite, au XVIIIe siècle, avec des éléments venus de New Seville, blocs de pierre taillée, ouvrages en bois, éléments architecturaux décoratifs. Un fort, plus tard transformé en prison, la protégeait des attaques maritimes. A la suite de la révolte de 1831, la ville a vu naître un mouvement réactionnaire qui donnait la chasse aux abolitionnistes. Saint Ann s'enorgueillit d'être le lieu de naissance de Marcus Garvey, le leader de la cause noire, et du chanteur de reggae Burning Spear.

Christophe Colomb est, lui aussi, à l'honneur, puisqu'une modeste statue perpétue son souvenir dans la ville. C'est ici qu'il échoua avec ses deux caravelles à son arrivée sur l'île – la Capitana et le Santiago de Palos – en 1503, lors de son quatrième voyage aux Amériques. Resté avec son équipage pendant un an à St Ann's Bay, Colomb rebaptisa la ville Santa Gloria.

NINE MILE

La province de Saint Ann compte au nombre de ses titres de gloire la naissance de la superstar internationale du reggae, Bob Marley. Bienvenue à Nine Mile, ce hameau qui a vu naître la toute première star du pays. Rendez-vous à Saint Ann, cette ville de la côte Nord d'où sont originaires, entre autres, Marcus Garvey et Burning Spear. Puis il vous faudra quitter le littoral pour vous enfoncer dans les terres. La route qui sillonne les montagnes vertes (si vous conduisez, prudence car les routes sont étroites), fend les hauts plateaux de terre rougeâtre, riche en fer, d'ailleurs grassement exploités par les industriels de l'aluminium dont les énormes camions encombrent les routes trop étroites pour eux. L'arrivée à Nine Mile donne l'impression qu'on a atteint le toit de la Jamaïque.

Aucun sommet plus haut que celui-ci à l'horizon. On passe devant une école primaire, une simple bâtisse peinte en jaune et rouge : « The Cedella Booker School » indique une pancarte écrite à

Bob Marley centre & mausoleum.

la main. Aligné en rang au milieu de la petite cour de récréation, des jeunes enfants dans leur blouse et chemise kaki récitent en chœur l'alphabet. Un paysan torse nu, avec sa bêche sur l'épaule nous interpelle : « *Prenez une photo, c'est l'école que Mama Booka a fait construire pour la ville. Ah, vous cherchez le musée ?* Drive straight, you soon deh ya *!* » En effet, quelques centaines de mètres plus haut, on descend de voiture et on frappe à la grille pour faire venir le gardien. « *Bienvenue chez Bob Marley, dans la vraie maison de son enfance !* ».

■ BOB MARLEY CENTRE & MAUSOLEUM ★★

✆ +1 876 843 0498

info@ninemilejamaica.com

Ce qu'on va visiter aujourd'hui relève totalement de l'attraction touristique plus que du coin de campagne paumé où vivait la famille Malcolm au siècle dernier. L'endroit n'a plus rien à voir avec la bicoque de campagne de l'époque. En revanche, la route pour y aller dans la montagne est magnifique et les villages traversés sont pittoresques.

Accolé à la demeure de Mama Booka, un bâtiment de deux étages, avec un bar et une grande terrasse. Quelques disques de platine brillent sur les murs, dont celui du coffret Legend. « *More than 10 millions copies around the world* » indique la plaque dorée.

Une allée de gazon monte vers la seconde cour bordée des tombes des grands-parents de Bob Marley et de son oncle. Quelques mètres plus haut, se trouve la petite chambre de Bob et son fameux *single bed* dont il parle dans la chanson *Is this Love ?* (notre guide aime d'ailleurs finir chacune de ses explications par une chanson de Bob pendant que son groupe inspecte les lieux). C'est une chambre simple, perchée sur une butte de terre derrière la maison principale. On y trouve une literie mal en point, une chaise, deux coussins et une petite fenêtre.

Juste à côté, le guide présente un brasier en plein air ayant inspiré le titre *Catch-a-fire*, puis un érable sycomore de la chanson *Time will tell.* Enfin, le mausolée : une autre bâtisse, dont les vitraux ressemblent à ceux des églises chrétiennes. On se déchausse avant de franchir la porte. L'espace est occupé par une haute sépulture en marbre couverte de larges étoffes de tissus africains. « *Son frère, ayant été tué accidentellement par les flics à Miami, est enterré avec lui* », explique le guide.

Alors que notre guide entame le premier couplet de *Redemption Song*, on fait le tour de la pièce en observant les murs : de vieilles photos de Bob, un dessin représentant Marcus Garvey, une grande photo de Hailé Selassié, le disque d'or australien d'*Exodus*, une bible et un ballon de foot. En sortant, on s'arrête devant un petit autel sur lequel les visiteurs ont déposé des offrandes : une photo de Malcolm X, un poème sur l'amour, des dollars, un billet grec, et d'autres objets en tous genres... Une visite très touristique, que l'on conseille uniquement aux fans de Bob.

NEW SEVILLE

C'est parce que ses caravelles vermoulues ne pouvaient effectuer la traversée de retour, à la fin de son quatrième voyage, que Christophe Colomb et ses hommes d'équipage sont restés bloqués dans le village taïno de Maima de juin 1503 à juin 1504.

Le grand amiral a attendu pendant un an que les hommes dépêchés à Hispaniola envoient des secours ; une année pendant laquelle l'administration coloniale espagnole qui l'ignorait maintenant fit la sourde oreille. Pour finir, on lui envoya des navires pour ce qui devait être son dernier voyage de retour vers l'Europe.

Quatre ans après la mort de l'amiral, en 1505, Juan de Esquivel, promu gouverneur de l'île, établissait la Nouvelle Séville ou la Séville d'Or, à l'emplacement du village de Maima. La Nouvelle Séville était alors la troisième ville espagnole du Nouveau Monde après Santo Domingo sur l'île d'Hispaniola et Caparra à Puerto Rico. Juan de Esquivel a établi cette première colonie avec l'aide de 70 hommes.

Les carrières environnantes ont fourni les pierres nécessaires à la construction de quelques bâtiments modestes, selon le modèle établi à Santa Fe en Espagne par les Rois Catholiques. Francisco de Garay, succédant à Juan de Esquivel, s'est avéré un excellent administrateur. Peter Martyr, nommé abbé de Jamaïque en 1524, voulait pour la Nouvelle Séville une église qui puisse rivaliser en beauté et en majesté avec n'importe quelle église d'Europe. La construction a démarré en 1524, interrompue deux ans plus tard par la mort de l'abbé pour ne jamais reprendre. La colonie – quelques ruelles pavées, un fortin, une église et un quai – est restée la capitale de l'île jusqu'en 1534, date à laquelle le site a été abandonné au profit de Spanish Town, en raison du manque de commodité de la côte, très découpée et peu accessible, et du climat malsain qui y régnait et décimait les colons.

Autant dire tout de suite qu'il ne reste rien de la première colonie espagnole. Seul l'emplacement de ce qui devait être la plus belle église des Caraïbes est aujourd'hui visible. Quelques éléments décoratifs ont été retrouvés et réutilisés dans d'autres constructions plus récentes.

VERSION NUMÉRIQUE
OFFERTE
Obtenez votre guide numérique en scannant le QR code
ou rendez-vous sur le site
www.ebookfute.com
avec le code avantage
EEB1KS
petit futé
CARNET DE VOYAGE
JAMAÏQUE
OFFRE VALABLE JUSQU'À L'ARRÊT DE COMMERCIALISATION DU TITRE EN FRANCE MÉTROPOLITAINE ET DANS LE MONDE ET SOUS RÉSERVE QUE LE NOMBRE DE TÉLÉCHARGEMENTS SOIT INFÉRIEUR OU ÉGAL AU NOMBRE D'EXEMPLAIRES DE GUIDES PAPIER IMPRIMÉS. FORMATS DISPONIBLES POUR SMARTPHONES, TABLETTES, LISEUSES ET ORDINATEURS PC OU MAC.
© PERFECTLAB - SHUTTERSTOCK.COM

Les archéologues s'acharnent sans grand succès à identifier des bouts de frise ou des blocs de pierre qui témoigneraient de la présence des Espagnols.
Après la prise de l'île par les Anglais, ce premier établissement espagnol est devenu la propriété privée de Richard Hemmings, un officier de l'armée anglaise, qui a si bien servi Oliver Cromwell lors de l'invasion britannique, qu'il en a été récompensé. Transformée en plantation de canne à sucre, le domaine est resté dans la famille pendant plusieurs générations.

RUNAWAY BAY

Runaway Bay, la baie de la Fuite, a hérité son nom de l'époque où les Espagnols, en déroute devant les envahisseurs britanniques dont les forces étaient bien supérieures en nombre, y ont trouvé refuge. C'est de là qu'ils ont pris la fuite vers l'île voisine de Cuba, après avoir abandonné Spanish Town à l'armée anglaise, non sans avoir pris la précaution de brûler ce qu'ils ne pouvaient emporter. Plus tard, perpétuant la tradition, les esclaves en rupture de plantation ont fait de Runaway Bay leur porte de sortie de l'île favorite. Sur plusieurs kilomètres, de grands complexes hôteliers en formule tout compris jalonnent la baie qui n'a d'autre vocation que touristique. Le visiteur remarquera par exemple le Bahia Principe, à proximité de Discovery Bay, un imposant hôtel appartenant à une compagnie espagnole dont l'implantation a suscité beaucoup de remous de la part des Jamaïcains, et ce jusqu'au niveau du gouvernement qui était allé jusqu'à retirer le permis de construire. La compagnie espagnole est notamment pointée du doigt pour non-respect de l'environnement et du droit à la construction, ce qui n'a pas empêché la concrétisation du projet...

DISCOVERY BAY

La baie de la Découverte, Puerto Seco de son premier nom, est l'endroit par

© JAMAICA TOURIST BOARD

Flore autour de Green Grotto.

Green Grotto.

où Christophe Colomb est arrivé pour la première fois en terre jamaïcaine en 1494, lors de son second voyage. Discovery Bay est devenu depuis un centre touristique prospère, très fréquenté par les Jamaïcains. Une importante mine de bauxite à ciel ouvert se trouve à la sortie du village. Le quai de chargement maritime et les navires qui accostent dans la baie gâchent quelque peu le paysage de cette idyllique carte postale. La plage de Discovery Bay reste tout de même sympathique et on peut y déguster de délicieuses langoustes et crevettes ou des poissons grillés.

■ GREEN GROTTO ★★
Juste avant Discovery Bay
✆ +1 876 973 2841
greengrottocavesja.com
greengrottocaves@udcja.com
La grotte verte doit son nom aux eaux translucides vert émeraude qui dorment en son fond. Une exploration souterraine de 30 minutes permet de découvrir de profondes galeries sculptées d'une profusion de stalactites et stalagmites, un voyage au cœur de la terre. Au bout de ces formations rocheuses, se trouve une grande piscine naturelle aux eaux transparentes qu'on traverse en barque et dans laquelle on peut se baigner. A la sortie, pour récompenser le touriste méritant, une boisson est offerte. En face, un Jerk Center attend les petites faims.

RIO BUENO

Río Bueno est l'un des rares lieux à avoir conservé le nom dont l'avaient baptisé les premiers colons espagnols. Quand Christophe Colomb a abordé la région en 1494, la rivière où il a étanché sa soif a reçu en récompense le nom de bonne rivière. Le village s'est développé autour d'une activité portuaire durant la période de la colonisation et de la prospérité des plantations. Mais, comme beaucoup de petits ports de la région, son importance a décru avec la chute des cours du sucre et de la banane et la disparition des grandes exploitations agricoles.

Aujourd'hui petit port de pêcheurs assoupi, Río Bueno accueille quelques rares touristes à la recherche de sérénité et d'authenticité, à l'écart des grands centres modernes. Deux églises modestes, l'une anglicane, l'autre baptiste, les ruines d'un fortin du XVIIIe siècle, Fort Dundas, sont tous les témoins d'une époque révolue.

DUNCANS BAY

Le petit village de pêcheurs assoupi sous le soleil n'est pas à proprement parler une destination touristique. On retiendra pourtant une coquette église baptiste datant de 1893 et consacrée au Pasteur Knibb qui a fait de la lutte abolitionniste le combat de sa vie.

FALMOUTH ★★

Falmouth, ancienne capitale commerciale de l'île – elle a connu son apogée au XVIIIe siècle – est aujourd'hui une petite bourgade de province. De son passé prestigieux restent quelques trésors d'architecture géorgienne, d'anciens quais d'embarquement et une organisation urbaine très classique aux artères larges et droites. Sans être un centre touristique très développé, Falmouth est une ville historique où les amateurs de vieilles pierres se laisseront séduire. D'ambitieux projets de restauration sont en cours et prévoient de faire de Falmouth une étape incontournable dans les itinéraires touristiques. Les croisiéristes incluent d'ailleurs de plus en plus régulièrement cette ville dans leurs parcours. Falmouth organise un tournoi annuel de pêche au marlin bleu en septembre. Des bateaux de toutes tailles convergent alors vers le lagon pour plusieurs jours d'affrontement avec le puissant poisson. Une attraction presque unique au monde qui vaut indéniablement un détour.

Etal de fruits locaux sur le marché de Falmouth.

ALBERT GEORGE MARKET

Water Square

Baptisé ainsi en l'honneur du mari de la reine Victoria, le prince Albert de Saxe-Cobourg-Gotha qu'elle épousa en 1840, le plus grand marché de l'île a été construit en 1896 pour répondre au développement commercial fulgurant de la ville au début du siècle dernier. Aujourd'hui, la structure en bois et pierre abrite sous un toit de zinc un marché, une galerie commerciale et un modeste musée qui expose quelques objets domestiques d'un autre siècle, jarres, chaudron, distillateur de rhum… Une halte historique sympa entre Ochie et Montego Bay.

ÉGLISE DU MÉMORIAL DE KNIBB

King et George Streets

Cette jolie église baptiste a été construite en l'honneur du pasteur Knibb qui, débarqué d'Angleterre en 1825, a pris une part active au combat abolitionniste avant de mourir le 15 novembre 1845. L'intérieur de l'église abrite une sculpture

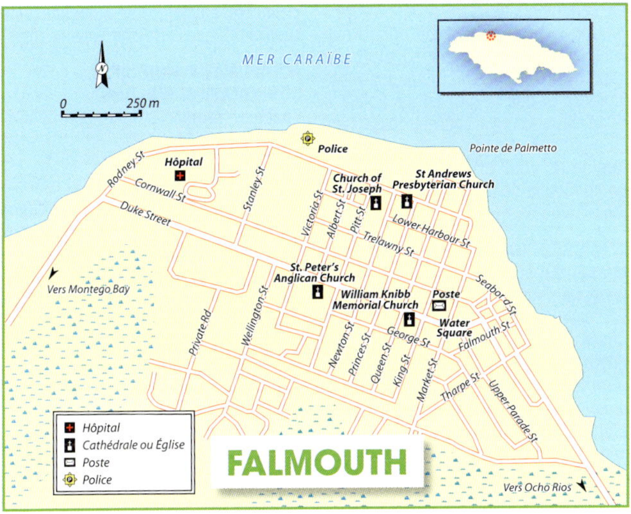

au-dessus des fonts baptismaux qui rappelle le combat des esclaves noirs pour leur liberté. La tombe du pasteur Knibb ainsi qu'un mémorial bâti par des esclaves affranchis se trouvent à côté de l'église. Une visite à ne pas manquer.

GLISTENING WATERS ★

2 km avant d'arriver à Falmouth, depuis Rio Bueno ✆ +1 876 954 3229
glisteningwaters.com

Ce phénomène naturel a donné lieu à un spectacle son et lumière de style parc d'attractions, avec un restaurant sur place ouvert pour le dîner. C'est la rencontre entre l'eau douce et fraîche du fleuve Martha Brae et de l'eau salée et tiède de la mer des Caraïbes qui, phénomène extrêmement rare et seulement observé dans 5 autres endroits du globe, a donné naissance à de micro-organismes appelés « bioflagellates ». Ces minuscules organismes créent une bioluminescence qui se traduit, en termes simples, par des lueurs bleuâtres déclenchées par n'importe quel mouvement. Ainsi, du bateau lancé dans la nuit, on peut voir des faisceaux qui bougent au fond de l'eau : des poissons. On s'étonne de voir le sillage du bateau prendre des teintes fluorescentes incroyables. Moment fort : les volontaires peuvent s'immerger dans ces eaux scintillantes pour voir les contours de leur corps s'illuminer lorsqu'ils nagent, un moment vraiment magique à vivre au moins une fois dans sa vie. Le tour guidé comprend aussi un rappel historique de la ville de Falmouth et du lagon. Un lagon qui, juste avant l'arrivée de violents cyclones, voit de nombreux bateaux venir mouiller là.

La raison en est que le « *luminous lagoon* », protégé par une mangrove compacte, est l'anse la plus sûre de toute la côte nord lorsque soufflent des vents violents et que la mer se déchaîne, il reste abrité. On vous conseille le *package* Falmouth Mystic qui, en plus du lagon lumineux, vous offre une boisson et un spectacle de danses traditionnelles jamaïcaines.

MISSION BAPTISTE

Market Street
www.falmouthbaptist.net
secretary@falmouthbaptist.net
Construite en 1798, cette austère bâtisse entre néoclassique et néogothique témoigne de l'habileté des artisans jamaïcains du XIXe siècle. Hauteur sous plafond et sol de marbre noir et blanc caractérisent son esthétique intérieure. C'est le premier temple maçonnique de l'île construit par la loge écossaise de Athol Union. D'agrandissement en embellissement, il a tant endetté la loge écossaise qu'elle a dû le vendre. Les baptistes l'ont acheté aux enchères en 1832 et occupé jusqu'en 1950. Le collège William Knibb s'y est installé en 1961 pendant 14 ans.

SALT MARCH

Quelques kilomètres après Falmouth.
Ce spot est resté sauvage et conserve une biodiversité intacte, chose rare sur ce côté là de la côte jamaïcaine trustée par les immenses *resorts* touristiques. Il est composé d'un paysage désolé, une lagune aux eaux brunes saumâtres (la raison de sa non construction), hérissée de troncs d'arbres dénudés. En arrivant, quelques photographies s'imposent. Des petits stands proposent des objets en bois et des coquillages provenant des récifs tout proches, un artisanat vraiment local et sincère, ainsi que des fruits tout juste cueillis pour se rafraîchir sous le soleil.

TRELAWNY MUNICIPAL CORPORATION BUILDING

Seaboard street
trelawnymc.gov.jm
Depuis Water Square,
marcher vers le lagon.
On trouve peu de bâtiments historiques en Jamaïque, en raison des nombreux tremblements de terre et ouragans qui ont souvent détruit les structures les plus anciennes. Ce solide bâtiment blanc carré construit en 1815 est encore debout. Même s'il a été rénové après un incendie en 1926. C'est le monument le plus imposant de la ville. Un fronton soutenu par des colonnes de style dorique en marque l'entrée face à la mer. Aujourd'hui l'édifice à la façade ocre fait office d'hôtel de ville

MARTHA BRAE

A 3 km de Falmouth, à l'intérieur des terres, le petit hameau ne conserve rien de l'ancienne capitale de la paroisse de Trelawny. La rivière a emprunté son nom à une princesse arawak qui détenait le secret de l'emplacement d'une mine d'or. La légende prétend qu'elle a entraîné les conquistadores espagnols dans une grotte en bordure de la rivière dont elle a ensuite détourné le cours pour les emprisonner et les noyer. La Martha Brae prend sa source au niveau des grottes de Windsor pour se jeter à l'est de Falmouth dans la baie Oyster.
On peut descendre la rivière en radeau de bambou à partir du Rafters Rest, où un parking est à la disposition des touristes. L'excursion dure environ 1 heure 30 au travers de paysages tropicaux somptueux.

L'OUEST

L'ouest de la Jamaïque est une région importante, qui comprend deux des plus grandes villes touristiques de l'île : Montego-Bay et Negril. L'incontournable MoBay se situe dans la paroisse Saint James. Deuxième plus grande ville de la Jamaïque, et l'une des premières destinations touristiques de l'île, elle accueille entre autres le plus grand festival reggae du monde (le Sumfest) ainsi que le plus grand festival de jazz des Caraïbes (Air Jamaica Jazz and Blues Festival). Saint James, c'est aussi la Rosehall Greathouse, et les légendes de sexe et de vaudou que cachent les murs de cette habitation hantée par l'âme errante de la « sorcière blanche ». Même les oiseaux ne sont pas en reste dans cette paroisse : ils y ont leur sanctuaire, le Rocklands Bird Sanctuary. Nous n'omettrons pas de souligner que le sucre y a longtemps élu domicile, notamment à Montpelier. Quant à l'ouest des paroisses de Hanover et Westmoreland, Negril, bien qu'en étant de loin la ville la plus importante, ne peut à elle seule rendre compte. Ce n'est pas seulement le sable blanc et chaud et les soirées arrosées, il y a aussi les champs de canne à sucre de Savanna-la-Mar, la mémoire du lieu de naissance du légendaire Peter Tosh gardée à Belmont, sans compter les villages de pêcheurs où il fait bon séjourner un moment pour la paix et la quiétude qu'ils apportent.

Vue sur Montego Bay.

OUEST

CARAÏBE
Lucea
Lances Pt
A1
Cousins Cove
Johnson To
Davis Cove
Dalmally
B9
Half Moon Bay
Dias
Orange Bay
Kingsvale
Orange Pt
Green Island
Grange
HANOV
March Town
Glasgow
Bloody Bay
Logwood
Moreland
279 m
Booby Kay
King's Valley
C O R
Long Bay
Long Beach
Grange H
WESTMORELAND
Negril
Sheffield
Fullersfield
Negril Spots
New Hope
Little London
Retreat
West End
Bay Road
Brighton
Blue Hole Mineral Spring
A2
Little Bay
Big Bri
Homer's Cove
Little Bay
New Broughton
Caba
St John's Pt
MER CARAÏBE
0
5 km
Altitude (en mètres)
2000
1500
1000
750
500
0
Marais
Voies rapides
Routes importantes
Routes secondaires
Voie ferrée
Limites de paroisse
Zones urbaines
Villes importantes
Villes secondaires
Autres localités

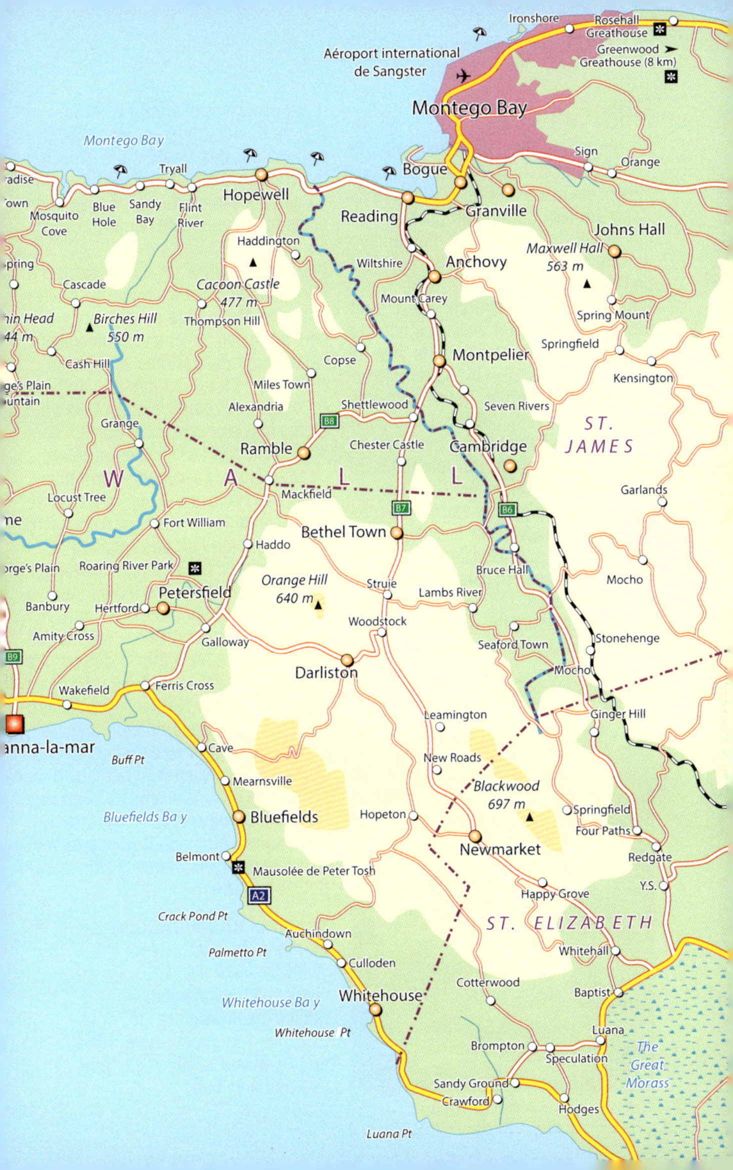
Ironshore
Rosehall Greathouse
Greenwood Greathouse (8 km)
Aéroport international de Sangster
Montego Bay
Montego Bay
Sign
Orange
Bogue
Tryall
Hopewell
Reading
Granville
Johns Hall
Maxwell Hall 563 m
Mosquito Cove
Blue Hole
Sandy Bay
Flint River
Haddington
Wiltshire
Anchovy
Cascade
Cacoon Castle 477 m
Mount Carey
Spring Mount
Birches Hill 550 m
Thompson Hill
Springfield
Cash Hill
Copse
Montpelier
Kensington
Miles Town
Alexandria
Shettlewood
Seven Rivers
Grange
B8
ST. JAMES
Ramble
Chester Castle
Cambridge
W A L L
Mackfield
Garlands
Locust Tree
B7
B6
Fort William
Bethel Town
Haddo
Roaring River Park
Bruce Hall
Mocho
Orange Hill 640 m
Struie
Petersfield
Lambs River
Banbury
Hertford
Woodstock
Stonehenge
Amity Cross
Galloway
Seaford Town
B9
Darliston
Mocho
Wakefield
Ferris Cross
Ginger Hill
Leamington
Cave
Buff Pt
New Roads
Mearnsville
Blackwood 697 m
Bluefields Bay
Bluefields
Hopeton
Springfield
Four Paths
Newmarket
Belmont
Redgate
Mausolée de Peter Tosh
Y.S.
A2
Happy Grove
Crack Pond Pt
ST. ELIZABETH
Auchindown
Whitehall
Palmetto Pt
Culloden
Cotterwood
Baptist
Whitehouse Bay
Whitehouse
Luana
Whitehouse Pt
Brompton
Speculation
The Great Morass
Sandy Ground
Crawford
Hodges
Luana Pt

MONTEGO BAY ★★

La deuxième ville du pays (environ 96 500 habitants), Mobay pour les initiés, est la capitale de la paroisse de Saint James. Cet ancien port sucrier est le pôle touristique le plus ancien et le mieux développé de la côte nord de l'île.

C'est aussi un centre commercial et industriel important avec une activité portuaire dense. Au sud de la ville, le Montego Freeport, installé dans l'embouchure de la Montego River, autrefois un marécage insalubre, est une zone industrielle active avec une zone franche en pleine évolution, qui témoigne de l'importance économique de la ville.

Outre le fret, le port en eaux profondes accueille des bateaux de plaisance et de croisières ; le yacht-club de Montego Bay est particulièrement bien fréquenté. La ville ne cesse de croître et de s'étendre, le mirage du tourisme galopant attirant des populations rurales en quête d'hypothétiques emplois. Montego Bay se déploie dans un amphithéâtre protégé par des forêts qui escaladent les collines. La baie est vaste, ourlée d'une succession de belles plages de sable fin et cernée de nombreux récifs coralliens.

Forêt aux alentours de Montego Bay.

Pourtant, malgré un décor naturel à faire pâlir d'envie de nombreuses villes côtières, Mobay n'a su échapper à la convoitise des promoteurs immobiliers. Quand bord de mer rime avec béton… Hérissée de hautes tours et d'édifices à l'esthétique approximative, la ville digère mal la poussée immobilière dont elle est victime. Les complexes hôteliers de grand luxe, l'aéroport international, le port de plaisance et son quai réservé aux navires de croisières, ont consacré la ville comme l'un des repaires de la jet-set internationale. Mais si les havres de luxe restent encore légion dans la région, le tourisme s'est aujourd'hui largement démocratisé à Mobay. La zone touristique s'étend désormais sur une quinzaine de kilomètres, de Rose Hall à l'est à Reading à l'ouest. Pourtant les plages du coin n'ont pas grand intérêt. Préférez vous éloigner de ce centre urbain trop bétonné pour aller vers Négril, où la côte est beaucoup plus jolie. D'autre part, il existe une forte criminalité à Montego Bay, notamment dans le centre historique le soir, restez donc attentif.

AHHH...RAS NATANGO ★★

Camrose District
✆ +1 876 875 4453
www.ahhhrasnatango.com
tamika@ahhhrasnatango.com
La route d'accès est extrêmement étroite, il vaut mieux y aller avec une petite voiture.

MONTEGO BAY
Doctor's Cave Bathing Club
Gloucester Avenue
Corniche Road
The Queen's Drive
Ramparts Close
Leader Avenue
Paradise Crescent
W Loop Rd.
Davis Avenue
Paradise Avenue
Sewel. Ave.
Park Avenue
Sewell Road
Albion Road
First Street
Fort Street
The Queen's Dr
Blessed Sacrament Cathedral
Orange St.
Kingdom Restoration
St James St
Harbour St
Albion Lane
Upper King Street
Love Lane
Union St
Union Street
The Cage
Paris Church
Mkt. St.
Unity Faith Centre Church
Montego Bay Cultural Center
Church St
Ch. Ln
Dome Street
Payne St.
A1
Creek St
Creek Street
First Churh Open Bible
Barracks Road
Barnett St
Barnett Lane
Railway Lane
Gare
Corinaldi Ave.
River Bay
100m
N

Sur les hauteurs de Camrose, à 15 minutes de la ville, ce jardin-galerie où l'art fait communion avec la nature a été façonné dans la roche à la force du poignet pendant des années, une véritable merveille. Un jardin d'Eden entretenu par Ras, sa femme Tamika et leur fils Ayale tapissé d'une multitude de plantes et de fleurs. Les colibris y ont élu domicile. Le parcours est étonnant et les œuvres de l'artiste fascinantes. Sur place : un Juice bar. La générosité des hôtes restera un souvenir inoubliable. Si le prix peut être dissuasif, il en vaut la chandelle.

THE CAGE ★

Sam Sharpe Square

Vous ne pouvez pas manquer la place principale du centre-ville (Downtown) de Montego Bay : le Sam Sharpe Square, où ont été installés deux écrans géants lumineux facilement reconnaissables derrière une petite fontaine sur une place pavée dessinée en rotonde. Ici se trouve l'intéressant centre culturel de Montego Bay aménagé dans un bel édifice du XIXe siècle, une animation permanente nuit et jour, et l'un des vestiges les plus connus de l'époque esclavagiste de l'île, *The Cage*. Initialement construite en 1806, son clocher mis en place en 1811, la première construction a été remplacée en 1822 par l'actuel bâtiment, un modeste édifice carré de brique rouge et de mortier surmonté d'un minuscule beffroi au toit de tuiles de brique. Sa taille, petite pour une prison, indique bien à quel point son rôle était symbolique. Les vagabonds, les marins turbulents, les esclaves en fuite ou ceux qui n'avaient pas quitté la ville à 15h pour rejoindre leur plantation comme le leur intimaient les retentissements d'une cloche, bref tous les indésirables passaient la nuit dans cette prison miniature. Ils attendaient là que leur sort soit fixé, renvoi à la plantation pour correction sévère ou transfert dans une vraie prison. Un endroit saisissant et même terrifiant qui en dit long sur les traitements infligés aux esclaves. Son architecture coloniale avec ses petites briques anciennes contraste avec la modernité des maisons en béton coloré autour. L'ancienne prison de nuit abrite aujourd'hui un très classique magasin de souvenirs.

DOCTOR'S CAVE BATHING CLUB ★

Gloucester Avenue
✆ +1 876 952 2566
doctorscavebathingclub.com
drscave@cwjamaica.com

Une plage de carte postale, protégée par le National Marine Park, dont l'histoire remonte à 1906 lorsque le docteur Alexander McCatty fait don de sa propriété de bord de mer à la ville de Montego Bay. La grotte qui lui doit son nom a été détruite par un cyclone en 1932. Elle est tant enclavée entre les hôtels qu'on ne peut pas la voir avant d'y entrer ! Outre le sable blanc, la mer turquoise bordée de palmiers, on y trouve bars et restaurants, toilettes, transats, parasols, etc.

GREENWOOD GREATHOUSE ★

Greenwood Great House
✆ +1 876 953 1077
www.greenwoodgreathouse.com
info@greenwoodgreathouse.com

A 12 km à l'est de Montego Bay, prendre Greenwood Avenue, la route qui monte depuis Greenwood Plaza, tourner à gauche à Brooks Heights, puis tourner à droite à Belgrade Avenue.

AUTOUR DE MONTEGO BAY
1 - Ahhh...Ras Natango Gallery & Garden
2 - Greenwood Greathouse
3 - Mayfield Waterfalls
4 - Rastafari Indigenous Village
5 - Rose Hall Greathouse
2km
N
Mer des Caraïbes
Aéroport international Sir Donald Sangster
Barett Town
Ironshore
Mango Walk
Glendevon
Montego Bay
Hopewell
Sandy Hall
Unity Hall
Fairfield
Anchovy
Great River
Cambridge
Bethel Town

Vous découvrirez alors une grande allée fleurie déclinant toutes les nuances des bougainvilliers qui mène à la vieille et massive demeure parfaitement entretenue, construite en 1760 par sir Richard Barrett. La solide structure de pierre contraste avec un intérieur chaleureux tout en boiseries. En vedette, le mobilier d'époque témoigne du style de vie d'un autre siècle. On pénètre dans la maison par une immense salle de bal contenant entre autres merveilles, céramiques et porcelaines et une splendide collection d'instruments de musique en parfait état de marche, polyphonies, orgues, piano (du même artisan qui fournissait Beethoven, John Broadwood). La salle à manger à deux niveaux donne d'un côté sur le jardin, de l'autre sur la mer en contrebas. Les chambres au deuxième niveau ont conservé leur mobilier d'origine. De l'immense galerie de bois, l'œil se perd sur une mer aux reflets argent.
Les bibliophiles seront séduits par les éditions originales – dont un Dickens – de la grande bibliothèque qui contient plus de 300 ouvrages. Tout au long des pièces, des portraits nous font rencontrer les membres de cette prestigieuse famille. La visite se termine par une halte méritée au bar, aménagé dans les anciennes cuisines extérieures. Au cœur du jardin joliment fleuri, une collection d'attelages du siècle dernier rappelle une époque révolue.

Greenwood Greathouse.

MAYFIELD WATERFALLS ★

Mabel Ewin Drive
Le bureau de Mayfield falls tours à Montego Bay permet d'organiser facilement cette excursion vers ces chutes d'eau peu connues et vraiment bien préservées. Deux belles chutes d'eau et 21 piscines naturelles constituent cet écoparc d'exception, qui compte 52 types de fougères et une flore pluviale tropicale abondante, riche en espèces de papillons, oiseaux et espèces endémiques à l'île. Vous pouvez vous baigner dans l'eau rafraîchissante, et il faut emmener des chaussures d'eau (qu'on vous louera sur place si besoin). Le tour dure 1h30.

MONTEGO BAY CULTURAL CENTER ★★

Sam Sharpe Square
✆ +1 876 971 3920
montegobayculturalcentre.org
operationsmanager4mbcc@gmail.com
Le centre culturel de Montego Bay abrite le National Museum West et la National Gallery West. Il est situé au cœur de Downtown. Avec ses expositions permanentes et temporaires, il apporte un point de vue éclairé sur des thématiques culturelles et historiques centrales du pays. Des Tainos à la colonisation espagnole puis britannique en passant par la Jamaïque moderne, la structure

Chutes de Mayfield.

retrace ses pans d'histoire. La partie sur la naissance des communautés rasta est très bien mise en valeur.

MONTEGO BAY MARINE PARK ★★

Howard Cooke Boulevard
Pier One Complex, Harbour
✆ +1 876 952 5619
www.montegobaymarinepark.org
info.mbmpt@gmail.com

C'est la plus grande des réserves marines des Caraïbes et le premier parc national établi en Jamaïque. Créée en 1992, la réserve marine s'étend de l'aéroport de Sangster jusqu'à l'îlot de Sea Winds, soit environ 15 km^2 qui comprennent la langue de sable aménagée en plage le long de Hip Strip. Elle est établie sous forme de trust et d'ONG à but non lucratif. Son but est de protéger l'environnement et les ressources marines de Montego Bay composés de trois environnements maritimes : la mangrove, les algues marines et les récifs coralliens. Ces derniers abritent chacun de nombreuses espèces animales et végétales, dont la survie maintient un équilibre écologique fragile. Un guide des règles à respecter par tous, visiteurs comme industriels ou pêcheurs, et des sanctions, sévères, correspondant aux infractions, a été édité. Il est disponible auprès des centres de plongée. Le trust organise des opérations de nettoyage de la côte (à titre d'exemple 21 000 bouteilles plastiques collectées ont été recyclées depuis sa création !), des programmes de sensibilisation à la protection de la nature auprès d'étudiants et publics scolaires de Montego Bay. Parmi les mises en garde à destination des touristes, retenons en quelques-unes. Ne toucher les coraux sous aucun prétexte, le plus petit contact pouvant causer des dommages irréversibles. Laisser les plantes, coquillages et poissons dans l'eau, même s'ils sont morts. Boycotter les produits d'artisanat en corail noir ou en écaille de tortue (les tortues marines sont protégées en Jamaïque).

RASTAFARI INDIGENOUS VILLAGE ★★

Montego River Gardens
Port Bello
✆ +1 876 285 4750
www.rastavillage.com
rastafariindigenousvillage@gmail.com

Le Rastafari Indigenous Village existe depuis une dizaine d'années. Sa communauté lui a donné vie suite à un généreux partage de terre d'un voisin à l'esprit ouvert. La visite est un véritable bain de jouvence culturelle et initiatique pour ceux qui souhaitent découvrir les préceptes *rastafari*. Ce mouvement se fonde sur les principes de l'Eglise orthodoxe éthiopienne et identifie le dernier Empereur d'Ethiopie Hailé Selassié, comme le Négus, le roi des rois, seigneur des seigneurs, lion de la tribu de Judas. L'accueil est sincère et chaleureux et la leçon de vie étonnante. L'occasion de découvrir la communauté Ion station, qui bien ancrée dans ses valeurs, vit malgré tout avec son temps. Philosophie, style de vie, éducation, culture, musique, *ganja*, après un bref point historique, votre guide vous explique tout sans langue de bois, en faisant le tour du village. Vous découvrirez également les fondamentaux de la cuisine *i-tal*, la cuisine rasta végétarienne (en dégustant une collation). Vous finirez en beauté par un moment de partage musical où vous ne serez pas que spectateur. Une boutique de souvenirs, composée uniquement de pièces d'artisanat confectionnées par la communauté, sera un passage obligé avant de reprendre la route. Attention, il est interdit de photographier les membres de la communauté seuls. Il est également possible d'y séjourner quelques nuits, si la visite a été une révélation ou si vous souhaitez en savoir plus, en vivre plus, mais ce n'est pas donné.

ROSE HALL GREATHOUSE ★

Rose Hall Road
✆ +1 876 953 2341
rosehall.com
marketing@rosehall.com
Face au centre commercial du même nom.

Difficile de passer à côté de ce temple du tourisme jamaïcain ! Son nom est inscrit en pierres blanches sur les flancs de la colline au sommet de laquelle trône la plus majestueuse des *greathouses* du pays. Nombre d'événements culturels (concerts, ballets) y trouvent une scène et un décor dignes des plus prestigieux spectacles. Surmontée d'un toit de tuile grise à l'architecture sévère et presque austère, une multitude de fenêtres à petits carreaux égayent la façade et lui donnent un air de respectable demeure anglaise. Les jardins ceinturant la maison sont discrètement fleuri. Construite en 1760 par John Palmer, un riche planteur colonial de la Couronne britannique, cette massive demeure géorgienne a été baptisée du nom de la femme de Palmer, Rose. Elle a été détruite lors du soulèvement des esclaves de décembre 1831. Abandonnée à son sort pendant plus d'un siècle, elle devait renaître de ses ruines après son rachat en 1966. Elle a été restaurée par John Rollins, un ancien gouverneur de l'Etat du Delaware, qui, fortune faite dans l'immobilier, y a consacré beaucoup de temps et d'énergie. Ni la décoration ni le mobilier sont d'origine, mais tout a été reconstitué. Les pièces richement meublées témoignent de l'opulence de la vie des planteurs de l'époque. Salles de réception, de bal, chambres, salon de lecture, salon de musique... Rien n'était trop beau – ni trop coûteux – pour reproduire un peu de cette vie au parfum de Vieille Angleterre laissée derrière soi.

La sorcière blanche de Rose Hall. La légende raconte qu'elle hante la demeure depuis le XIXe siècle ! Lorsque Anne May Patterson épouse John Rose Palmer, le petit-neveu du fondateur et héritier de la propriété, elle n'est encore qu'une très jeune fille. Moitié anglaise, moitié irlandaise, Annie avait été élevée en Haïti, l'île voisine. Sa nourrice, venue d'Afrique avec les marchands d'esclaves, l'avait initiée aux rites du vaudou. Annie est une jeune femme autoritaire aux appétits sexuels insatiables. Sans doute son premier mari n'est-il pas à la hauteur de ses attentes car, sans autre forme de procès, elle l'empoisonne habilement et sans laisser de trace. Très rapidement remariée, Annie tombe sur un époux guère plus satisfaisant que le premier. Elle le poignarde sauvagement. De nombreux esclaves mâles de la plantation connaîtront un destin fatal après avoir honoré la couche de leur maîtresse. Toujours insatisfaite, malgré les services rendus par les esclaves, Annie convole de nouveau. Cette fois, elle choisit d'étrangler son troisième mari. Des esclaves révoltés finiront par se débarrasser de la demoiselle. Mais, depuis, le fantôme d'Annie, ne laissant pas de repos à son âme torturée, hante les lieux de ses crimes. Lors d'une séance de spiritisme en 1978, Annie elle-même a conduit le spirite à la découverte d'une poupée vaudou ! L'affaire a fait le tour de l'île.
Telle est la légende à laquelle les Jamaïcains sont attachés et qui vous sera racontée sans rire par les jeunes filles en robe de madras qui guident la visite. La vérité est sans doute beaucoup moins dramatique, puisque Anne Palmer s'est éteinte en 1846 après de longues années d'un mariage paisible avec John Palmer. La légende trouve son origine dans un roman fantastique écrit en 1929 par H.-G. de Lisser et dans le fait que Rose Palmer, la première propriétaire de la maison, a effectivement eu quatre maris. A tester : la visite de nuit, plus fun ! Sur place : bar et boutique de souvenirs.

VISITE

© ALEXANDER – FOTOLIA

Rose Hall Greathouse.

VERS L'INTÉRIEUR DES TERRES

LETHE

15 km au nord-est de Montego Bay. Fort bien situé, entre mer et montagne, ce petit village traditionnel avec ses ressources naturelles et son décor enchanteur peut-être considéré comme une attraction touristique en dehors des sentiers battus. Le pont sur la rivière a été construit par des esclaves en 1828.

GREAT RIVER – BAMBOO RAFTING

Lethe
✆ +1 877 424 8552
chukka.com
info@chukka.com
A 17 km et 30 minutes de Montego Bay.

La fameuse descente en rafting jamaïcain – en fait une balade en radeau de bambou – est un classique de la culture jamaïcaine que l'on vous conseille de réaliser ici, si vous êtes à Montego Bay. Une croisière magique sur la Great River vous attend. Tantôt lisse comme un lac, tantôt bouillonnante, elle est d'une couleur vert émeraude translucide fascinante. L'environnement est magnifique et la jungle se découvre dans toute sa beauté. La descente de la Great River est ici gérée par Chukka Mountain Valley Rafting, mais des capitaines indépendants proposent des meilleurs prix dès votre arrivée sur place (on peut négocier mais sachez que le travail est dur). On est enchanté par la décoration des radeaux, très longilignes et étirés sur près de 9 mètres, équipés d'une banquette double super confortable et décorés de palmes et de fleurs fraîches. Pendant la descente, on est accompagné par les oiseaux chantants, le glougloutement de la rivière, et le reggae – toujours – pulsé par son radeau et d'autres radeaux croisés sur la route (qui vendent bières, rhum...). Les guides locaux super détendus et *good vibes* sont intarissables sur leur forêt. L'ambiance est super authentique surtout le week-end, quand des groupes d'amis viennent se prélasser dans cette rivière qui forme des bains bouillonnants naturels. Le must – compris dans le prix – c'est le «limo on the river», un massage relaxant gommant des pieds et jambes avec du «limestone», une pierre calcaire argileuse.

ANCHOVY

Le gros bourg de Anchovy est trop proche de Montego Bay pour être assoupi dans la moiteur des collines. Beaucoup d'activités dans la rue principale et la possibilité de se ravitailler dans les supermarchés et les stations-service. Un garage se trouve à la sortie du village sur la droite, peu après le poste de police. Le sanctuaire des oiseaux se trouve avant d'arriver dans la commune, en venant de MoBay, à quelques kilomètres.

CAMBRIDGE

Cambridge est une charmante bourgade agricole, dont le centre est animé en fin de semaine. Elle marque le carrefour des routes secondaires qui desservent Seaford d'une part et Croydon d'autre part. Les traces de l'ancienne voie ferrée et le modeste édifice qui tenait lieu de gare témoignent de l'époque pas si lointaine à laquelle le train reliait encore Montego Bay à Kingston.

SEAFORD TOWN

Attention, une fois arrivé à Seaford, on conseille de faire demi-tour pour retourner à Cambridge, pour continuer vers Mandeville, via Bamboo Avenue, car la route directe est trop mauvaise.
Ce petit village, perdu dans les vallonnements de la campagne jamaïcaine, est connu dans toute l'île. En effet, il se signale par l'architecture, surprenante sous ces latitudes, de ses fermes aux allures germaniques et par la blondeur et les yeux bleus de ses habitants. Sous l'impulsion du gouvernement colonial qui, sentant l'émancipation prochaine, souhaitait peupler les campagnes jamaïcaines de blancs, quelque trois cents immigrants allemands ont suivi les traces d'un docteur prussien, William Lemonious, et se sont établis dans cette région vers 1835, créant une colonie germanique dont les traditions perdurent aujourd'hui.
Les terres ont été concédées par Lord Seaford qui possédait de grandes propriétés dans la région. L'objectif était double, d'une part limiter, voire empêcher, l'établissement des esclaves noirs libérés comme petits fermiers indépendants, d'autre part créer une zone tampon peuplée de Blancs entre les riches planteurs des vallées et les Marrons établis dans de minuscules exploitations dans le Cockpit Country tout proche. La population est peu métissée, mais le village a depuis accueilli d'autres fermiers, et seulement 25 % de la population de Seaford est aujourd'hui blanche. On compte environ deux cents descendants des premiers colons allemands dont beaucoup répondent à l'un des quatre patronymes, Somers, Eldermeyer, Wedermeyer ou Kameka.

Et, il est bien surprenant d'entendre un fermier à l'allure teutonne s'exprimer en patois jamaïcain ou de se faire servir à l'épicerie par une Allemande. On vient de loin pour acheter aux fermiers allemands un cochon ou une chèvre, tué et préparé selon des méthodes particulières. Si l'allemand n'est presque plus parlé aujourd'hui, quelques traditions demeurent et un mini-musée retrace l'histoire peu ordinaire de cette petite communauté rurale.

Une petite église au toit de zinc, construite au sommet d'une colline, domine le village. La région conserve également de cette page de son histoire quelques lieux-dits et villages baptisés de noms aux consonances bien peu anglaises (Hanover, Blenheim, Berlin, Postdam, Bohemia...). Possibilité de dormir sur place ; une *guest house* se situe dans le même bâtiment que le musée de la ville.

COCKPIT COUNTRY ★★

Environnement sublime aux confins de l'inaccessible, cette vaste étendue de quelque 800 km² est l'une des plus méconnues et des moins visitées de l'île, malgré sa richesse tant géologique qu'animale et végétale. La région aux formes bizarres et aux paysages spectaculaires est très vallonnée, en une succession ininterrompue de mamelons dodus, de dômes et de tours karstiques, sillonnée par endroits de profondes dépressions. En effet, l'érosion des formations calcaires vieilles de plusieurs millions d'années a créé des reliefs étonnants aux formes rondes couverts d'une végétation très dense, le plus souvent inextricable. Le Cockpit Country est aussi creusé de dédales de grottes souterraines, difficiles d'accès et dont l'exploration est réservée aux spéléologues avertis. C'est dans cette région peu accessible que les Marrons du nord, ces esclaves africains échappés des plantations, ont trouvé refuge. Ils y ont établi leur quartier général, édifiant villages et réseaux de communication. Depuis leur retraite montagnarde, ils ont résisté de longues années aux colons britanniques contre lesquels ils ont mené une épuisante guerre d'usure qui s'est soldée par une capitulation et un traité de paix. Mais les soldats anglais s'étaient entre-temps équipés de chiens de chasse pour arriver à percer le secret de leur retraite dans le Cockpit.

Aujourd'hui, le Cockpit Country est toujours aussi peu accessible. Quasiment déserte, la région reste vierge de toute exploitation agricole ou forestière ; seuls les contreforts sont un peu domestiqués et habités par de petits fermiers qui y exploitent à grand-peine des petits lopins de terre. Quelques pistes mal entretenues et peu praticables, où la machette est de rigueur, pénètrent cette région primitive. Il n'existe pas de carte précise de la région et vous aurez la surprise de découvrir sur les cartes routières une zone vierge de toute indication.

Paradis en sursis ? Le tourisme galopant, la modernisation et la pollution n'ont pas encore fait trop de dégâts. C'est une faune et une flore quasi intactes qu'on pourra découvrir. Ravissement pour les ornithologues, beaucoup d'espèces sont endémiques au Cockpit Country, perroquets multicolores, colibris délicats, corbeaux, tourterelles. Délectation pour

les botanistes, la forêt tropicale déploie son fastueux décor dont les spécialistes prétendent que toutes les espèces n'ont pas encore été répertoriées.
Malheureusement, peu d'agences de tourisme proposent ces excursions, les amateurs étant trop peu nombreux. Les bureaux de tourisme d'Ocho Rios et de Montego Bay peuvent vous orienter vers des guides professionnels. Windsor et ses grottes d'un abord simple constituent une première approche et une clé de cette région qu'il convient de découvrir à pied, à cheval ou par les airs. Le Cockpit country abrite les localités de Windsor, Albert Town et Accompong. Cette dernière est le théâtre, chaque année, le 6 janvier, d'un festival important : Accompong Maroon Festival, commémorant le traité de paix de 1739 entre les combattants marrons et les forces coloniales anglaises.

- **Plusieurs attractions** situées dans le Cockpit Country sont placées dans le chapitre « Le Sud », du fait de leur plus grande proximité avec Black River. Mais des agences organisent bien sûr les visites depuis Montego Bay et Negril. Voir à l'office du tourisme les tours incluant YS Falls, Appleton Rhum Estate, Accompong, Windsor Caves.
- **Pour plus d'informations sur la région :** www.cockpitcountry.com.

DE MONTENEGO BAY À NEGRIL

HOPEWELL

Le petit village se déploie en bord de mer, offrant une halte au calme à l'écart de la frénésie touristique de Montego Bay. La ville ne vaut pas forcément une escale de plusieurs jours. La plage est une minuscule bande de sable blanc au large de laquelle la carcasse rouillée d'un grand navire, malmené par un violent orage à la fin du siècle dernier, finit de se décomposer, rendant la baignade incertaine. Le village est surtout célèbre pour abriter l'un des complexes les plus luxueux de l'île, un lieu de villégiature à la fois enchanteur et exclusif, Round Hill. Hopewell possède un marché de fruits et légumes, typique et coloré, le long de la route principale avec une mignonne église perchée en surplomb de la route. Une copieuse brochette de restaurants et tavernes en bord de plage attendent les visiteurs nombreux le dimanche.

SANDY BAY

Toujours en suivant l'A1 direction Negril, on trouve ce petit village de pêcheurs dont la fierté est d'avoir été une retraite pour les anciens esclaves au lendemain de l'émancipation. Créé par le révérend Thomas Burchell, il a été l'un des premiers villages libres de l'île. Une petite église du XIXe siècle est le seul édifice datant de cette période qui soit encore debout. La plage, avec son nom évocateur et alléchant, est une halte possible. Un hôtel-restaurant-dancing, Lollypop on the Beach, propose chambres et cuisine jerk. L'Ocean Edge Club, un gogo dancing, est très fréquenté par les Jamaïcains en fin de semaine.

LUCEA

Ce charmant port de près de 6 000 habitants est la bourgade principale de la paroisse de Hanover, sa principale activité restant l'exportation de bananes. Il s'inscrit dans une large baie naturelle protégée par une série de collines verdoyantes. Deux rivières, la East Lucea River et la West Lucea River, encadrent la baie aux eaux calmes dans laquelle paressent quelques barques de pêcheurs. La torpeur du port ne laisse pas deviner que Lucea a été un port commercial important, au XVIIIe siècle. Lucea a été l'un des premiers établissements des colons espagnols, l'ampleur de la baie et sa position sur la côte Nord offrant de multiples avantages. Le capitaine Blight, celui-là même qui a connu quelques mésaventures avec l'équipage de son navire, le *Bounty*, a séjourné cinq ans à Lucea.
Parmi ses hauts faits, n'oublions pas que c'est lui qui a introduit l'arbre à pain dans l'île au retour d'un de ses voyages dans l'océan Pacifique. Plus tard, les Anglais ont fait de Lucea un port sucrier et un centre d'échanges commerciaux actif. On dénombra jusqu'à trois cents navires au XVIIIe siècle. Les petits fermiers ont succédé aux riches planteurs au XIXe siècle, conservant à la ville son activité commerciale. De cette époque datent la plupart des édifices historiques de Lucea.
De son ancienne prospérité, Lucea a gardé un grand charme. Les rues principales affichent un air d'un autre temps avec leurs édifices à l'architecture géorgienne et les vieilles maisons de bois à larges galeries festonnées façon gingerbread, dans un style si typiquement caraïbe que la ville sert régulièrement de décor à des tournages de films. Conscients de la valeur de leur patrimoine, les habitants de Lucea ont fondé une association, la société historique de Hanover, qui a pour objectif d'entretenir et de restaurer les vieux édifices.
Le samedi, jour de marché, la ville s'anime autour des stands de fruits et légumes, de poissons et des étals de vêtements et produits manufacturés. A l'ouest de la ville, s'étendent les deux belles plages de Watson Taylor et de Gull Bay, peu fréquentées par les touristes.

FORT CHARLOTTE ★

Tout au bout de la baie de Lucea
De l'ancien fort militaire construit par les Britanniques et le port de Lucea qui défendait l'anse et la côte nord de la Jamaïque, il ne reste plus que les traces des murailles marquées par quelques entassements de pierres et un canon pointé vers l'horizon. Le fort a été construit en 1756 sous le nom de Lucea, avant d'être rebaptisé en 1778 du nom de l'épouse du roi George III d'Angleterre, sous le règne duquel il avait été construit, la reine Charlotte. Le fort qui était défendu par 23 canons dont l'un, tout rouillé, est encore pointé vers l'horizon.

BLENHEIM

Une petite escapade de 15 km aller-retour depuis Lucea dans l'intérieur pour découvrir un lieu historique. Aucun risque de se tromper, Blenheim est bien indiqué. Le lieu de naissance d'Alexander Bustamante peut à peine être qualifié de village. Mais l'endroit mérite bien de se détourner des plages pour un petit crochet dans la campagne afin de rendre hommage au premier responsable du gouvernement jamaïcain. Si vous vous trouvez dans les environs un 6 août, sachez qu'une cérémonie officielle s'y déroule à l'occasion de la fête de l'Indépendance nationale. La petite communauté rurale reste une halte discrète et peu fréquentée sur les itinéraires des excursions touristiques. Nichée dans les contreforts des montagnes, Blenheim offre une vue panoramique sur la mer et les pâturages environnants.

NEGRIL ★★

Pas de construction plus haute que le plus grand des palmiers ! Telle est la loi qui régit le développement urbain de Negril, et dieu sait que Negril se développe. Paresseuse et insouciante, Negril est aujourd'hui devenue la Mecque des vacances sable blanc, mer turquoise et soleil. La ville n'existe que grâce aux visiteurs étrangers, chaque année plus nombreux, qui en ont fait la principale station balnéaire de l'île. La zone touristique s'étire sur une quinzaine de kilomètres, bordant sans interruption le littoral de complexes, d'hôtels, de pensions, de restaurants en tout genre. La nature s'est montrée fort généreuse envers Negril qui possède deux visages. Côté pile, au nord, une plage de rêve, surnommée 7 Miles qui s'étend sur 11 km de sable blanc immaculé, frangée de cocotiers et baignée d'une eau turquoise chaude, translucide à faire pâlir d'envie les plus belles piscines, est protégée par une succession de récifs coralliens. Côté face, au sud, une gentille falaise rocheuse – West End – qui n'excède jamais une douzaine de mètres, dessine sur quelque 3 km une côte spectaculaire, plus sauvage, aux anses déchiquetées, abritant de petites piscines naturelles, baignées par des eaux profondes d'un bleu intense.

La côte de Negril.

BLOODY BAY ⭐

7 Mile

Au nord de Negril, la *bloody bay*, la baie sanglante, marque géographiquement le début de la station balnéaire de Négril. Au XVIIIe siècle, cette baie bien protégée de la houle et des courants marins est l'un des repaires favoris des pirates basés en Jamaïque. Ils peuvent tout à loisir y guetter les galions espagnols faisant route entre l'Espagne et ses colonies, Hispaniola et Cuba, avant de les attaquer pour les piller et extorquer de copieux butins coloniaux. Mais les autorités anglaises veillent au grain. En 1720, l'armée anglaise capture le pirate Jack Rackam, appelé Calico Jack parce qu'il avait la coquette habitude de porter des sous-vêtements d'Indienne, avec ses hommes d'équipage sur la plage de Bloody Bay. Les prisonniers seront transférés à Spanish Town pour y être jugés. C'est lors du procès qu'on a découvert que deux de ses acolytes portaient des jupons. Les deux femmes pirates ont été identifiées, Anne Bonny et Mary Read, et exécutées avec leur capitaine.

Les pêcheurs de baleines, eux aussi, avaient coutume de faire relâche dans l'anse. Après avoir déchargé leur cargaison de baleines fraîchement pêchées, les sinistres matelots dépeçaient leurs proies en toute quiétude. Le sang rougissait régulièrement les eaux tranquilles de l'anse. C'est de cette pratique que la baie sanglante a hérité son nom, et non d'un combat sanglant entre pirates et colons comme on pourrait le penser ! Aujourd'hui deux grands *resorts* de grand luxe occupent principalement la baie, le Riu Palace Tropical Bay et le Couples Negril.

BOOBY CAY ⭐⭐

7 Mile

Situé à la pointe nord de la plage principale, Booby Cay est un modeste îlot de sable blanc ponctué de rochers et couvert de végétation tropicale. Ses plages désertes ont été choisies pour le tournage du film *20 000 Lieues sous les mers*, tiré de l'œuvre de Jules Verne. L'île tient son nom d'un oiseau, le Booby bird qui, après avoir passé une longue année en mer, revient nicher dans les îlots proches de la côte. Ses œufs, autrefois considérés comme un mets raffiné, sont devenus introuvables aujourd'hui. Les Arawak, les premiers habitants de l'île, avaient légué cette tradition gastronomique aux pêcheurs locaux qui ont lentement mais consciencieusement assuré la quasi-disparition de l'oiseau. L'îlot est aujourd'hui une destination idéale pour une excursion d'une journée ; pique-nique, expédition de plongée, balades en voilier, les propositions ne manquent pas pour attirer les touristes.

Booby Cay.

Le charme de West End Negril.

LA CÔTE SUD-OUEST

SAVANNA LA MAR

La capitale de la paroisse de Westmoreland, familièrement appelée Sav' ou Sav-La-Mar, a été créée en 1730. C'est l'une des plus vieilles cités établies en Jamaïque, elle est assez étendue et compte 145 000 habitants. Sévèrement touchée par des cyclones en 1748, en 1780, en 1912 puis en 1948, et plus récemment en 1988 par Gilbert (de sinistre mémoire), elle a souvent été rayée de la carte. Lors du premier cyclone, des rapports indiquent que des bateaux ont été retrouvés dans les arbres ; en 1912, le Scooner Latonia a été retrouvé au milieu de Great George Street. Cet ancien port sucrier, à l'embouchure de la rivière Cabarita, possède encore quelques modestes édifices anciens qui témoignent de son histoire et retiendront l'attention des stakhanovistes de la vieille pierre. Sav' est aujourd'hui une ville de province, sans cesse reconstruite, active et sans grand charme, qui possède bien peu d'atouts pour séduire le visiteur.

BLUE HOLE

Une petite incursion à l'intérieur des terres s'impose aux amoureux de nature pour découvrir la Rivière rugissante et son étonnant « trou bleu ». Indisciplinée et tumultueuse, elle déboule en grondant dans un lit étroit, encaissé dans une gorge de verdure tropicale, formant ici et là des lagons aux eaux sages et des cascades bouillonnantes. En remontant le cours de la rivière, on arrive au hameau de Blue Hole, où s'est formée il y a quelques années une colonie d'étrangers adeptes du rastafarisme.

Petit coin de paradis à Bluefields.

BLUE HOLE MINERAL SPRING
Brighton District
Westmoreland
✆ +1 876 860 8805
On peut y aller pour la balade le matin quand le soleil illumine le trou mais n'espérez pas y trouver un site aussi joli que le Blue Hole d'Ocho Rios. Celui de Negril s'avère être véritablement trou dans la roche, comparé à celui d'Ocho Rios, alimenté par des cascades. C'est donc une curiosité géologique... devenue piège à touriste. Un plongeon de 7 m de hauteur sans risque est possible dans le trou bleu d'eau minéral profond de 11 m, mais pour un prix exorbitant. Un gommage naturel d'argile est proposé. L'endroit compte un bar animé et une piscine verte et sale.

BLUEFIELDS
La route continue à longer la côte orientale vers le sud. Elle traverse de modestes hameaux sans histoire, alanguis sous le soleil, dont les barques de pêcheurs reposent sur des plages peu propices à l'extase touristique. Bluefields marque la première étape intéressante de cette partie de la route. Une longue bande étroite de sable blanc s'étend entre une mer bleue aux nuances toujours aussi séduisantes que la route. Cette plage est très fréquentée par les Jamaïcains et le Bluefield Beach Club affiche complet en fin de semaine.

BELMONT
La route qui conduit à Black River traverse, après Bluefields Bay, le village de Belmont, célèbre pour être le lieu de naissance du chanteur Peter Tosh, compagnon de Bob Marley et Bunny Livingston au début de la grande aventure des Wailers, et figure emblématique du reggae militant et radical. On peut y faire halte pour visiter le mausolé et peut-être passer une nuit ou plus dans l'un des cottages Nature Roots afin de profiter des superbes plages des alentours.

WHITEHOUSE
Whitehouse ne présente pas d'intérêt touristique particulier ; la plage est modeste, loin de la splendeur des plages de Negril. Il y a quelques années seul le calme et l'authenticité de cette petite bourgade de pêcheurs pouvaient retenir le visiteur. Ce sont ses petits pains ronds de farine de maïs, les bammies, connus dans toute l'île, qui font la célébrité de Whitehouse. À la sortie du village, des femmes assises devant des petits stands de fortune vendent leur production aux automobilistes de passage.

LE SUD

Loin du tourbillon frénétique des grands pôles d'attraction touristique de la côte Nord, à l'écart des programmes des organisateurs de vacances, le sud de la Jamaïque est encore assez peu visité par les étrangers. C'est pourtant sans doute l'une des régions les plus attachantes du pays. Les paysages y sont sauvages et superbes et elle possède un climat plus sec et une faune et une flore uniques, avec des paysages quasi désertiques hérissés de cactus mais aussi la plus grande population de crocodiles de l'île. La population est chaleureuse et accueillante. Les sites et les curiosités ne manquent pas, des distilleries de rhum aux villages de pêcheurs oubliés par le temps, des réserves animalières aux superbes criques de la côte sauvage et découpée, des anciennes maisons coloniales de Black River aux demeures splendides des riches retraités de Mandeville... Assez logiquement, les possibilités d'hébergement, de restauration et d'activités sportives sont moins variées qu'ailleurs : les grands hôtels sont inexistants et le luxe aux normes internationales n'est pas de mise, mais on trouve partout des petits hôtels de charme ou des pensions modestes et confortables. La grande majorité des visiteurs ne font qu'une excursion d'une journée dans le Sud, inspectant d'un pas rapide les musts inscrits au programme des agences touristiques. Ceux qui choisissent de s'attarder et de musarder découvriront les charmes d'une région qui distille ses secrètes richesses avec délicatesse, et ils seront d'autant mieux accueillis et choyés qu'ils sont peu nombreux.

Black River.

Elderslie
Accompong
Malboro
Jointwood
Aberdeen
Ginger Hill
Blackwood
697 m
Springfield
Appleton
Rahee
Vauxhall
Appleton
Rum Estate
Siloah
Windsor
Newmarket
Four Paths
Redgate
Maggotty
Happy Grove
Y. S. Falls
White Hill
Y.S. Falls
ST. ELIZABETH
New Holland
Upper
Morass
Whitehall
Middle Quarters
Baptist
West Lacovia
Lacovia
Luana
Brompton
Lewis Town
Speculation
Cashew
Santa Cruz
Lovely Poi
Crawford
Sandy
Ground
Hodges
Gilnock
The
Great
Morass
Burnt Savanna
Langrove Point
Black River
Knoxwood
Park
Salt Spring
Black River Bay
Mountainside
Malvern
Shortaul Point
Pondside
Parotee
Beach
Barbary Hall
Parotee Bay
Williamsfield
SANTA CRUZ MOUNTAINS
0
5 km
Parotee Point
Starve Gut
Bay
Newell
Bellevue
Treasure Beach
Pedro Cross
Frenchman's Bay
Flagaman
Calabash Bay
Great Bay
Southfield
Great Pedro
Bay
Jacks Hole
Gt Pedro Bluff
M E R
Altitude (en mètres)
2000
1500
1000
750
500
0
Marais
Voies rapides
Routes importantes
Routes secondaires
Voie ferrée
Limites de paroisse
Zones urbaines
Villes importantes
Villes secondaires
Autres localités

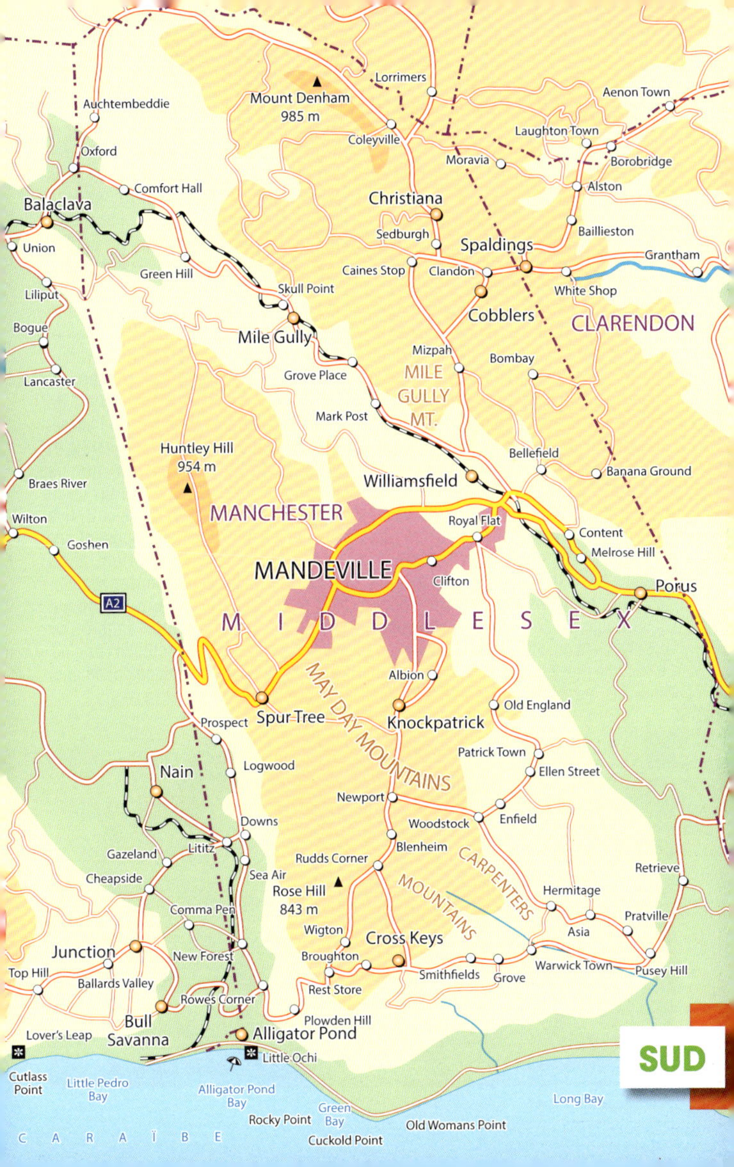

Lorrimers
Aenon Town
Auchtembeddie
Mount Denham
985 m
Laughton Town
Coleyville
Oxford
Moravia
Borobridge
Alston
Comfort Hall
Balaclava
Christiana
Sedburgh
Baillieston
Union
Spaldings
Grantham
Green Hill
Caines Stop
Clandon
White Shop
Liliput
Skull Point
Cobblers
CLARENDON
Bogue
Mile Gully
Mizpah
Bombay
Lancaster
Grove Place
MILE
GULLY
MT.
Mark Post
Huntley Hill
954 m
Bellefield
Braes River
Banana Ground
Williamsfield
Wilton
MANCHESTER
Royal Flat
Content
Goshen
Melrose Hill
MANDEVILLE
Clifton
Porus
A2
M I D D L E S E X
Albion
Old England
Prospect
Spur Tree
Knockpatrick
MAY DAY MOUNTAINS
Patrick Town
Nain
Logwood
Ellen Street
Newport
Downs
Woodstock
Enfield
Blenheim
Gazeland
Lititz
Rudds Corner
CARPENTERS
Cheapside
Sea Air
Retrieve
Rose Hill
843 m
MOUNTAINS
Hermitage
Comma Pen
Pratville
Wigton
Asia
Junction
Cross Keys
New Forest
Broughton
Top Hill
Warwick Town
Pusey Hill
Smithfields
Grove
Ballards Valley
Rest Store
Rowes Corner
Bull
Savanna
Plowden Hill
Lover's Leap
Alligator Pond
Little Ochi
Cutlass
Point
Little Pedro
Bay
Alligator Pond
Bay
Green
Bay
Long Bay
Rocky Point
Old Womans Point
Cuckold Point
C A R A Ï B E
SUD

BLACK RIVER ★★

Cette ville de près de 5 000 âmes est l'une des plus anciennes de l'île. Elle doit son nom à la rivière sur les rives de laquelle elle a été construite. Blotti au fond d'une grande anse, Black River, la capitale de la paroisse de Saint Elisabeth, a de tout temps été une bourgade fort prospère.

Aujourd'hui, il ne subsiste que peu de traces de la riche histoire de la bourgade. Avec la chute des cours des principales denrées d'exportation, le port de Black River a perdu petit à petit de son importance pour n'être plus aujourd'hui qu'un modeste port de pêche. Les grandes plantations ont disparu, on n'a pas découvert ici de bauxite, et la côte découpée aux plages de sable gris et aux eaux tourmentées attire peu les touristes. A moitié détruite par un incendie en 1938, la ville coule désormais des jours paisibles. Ici s'est développé un véritable art de vivre, une chaleur et un sens de la convivialité peu communs. Le front de mer est très joli et typique des Caraïbes, bordé de maisons anciennes de style colonial festonnées de gingerbread, ornements de bois découpé. Quelques-unes des plus belles demeures victoriennes du pays y somnolent sous un soleil de plomb. Le port, situé à l'embouchure de la rivière, n'accueille plus que quelques bateaux de pêche, les gros navires ayant depuis longtemps déserté les quais.

Vers l'est, en direction Mandeville, la route enjambe Black River. A l'origine, une simple barge permettait de traverser la rivière. Pour céder à la modernité, elle a été remplacée par un pont de bois, lui-même supplanté par l'actuel pont métallique. Il date de 1938 et porte le nom de la première famille blanche de Black River, venue de la Vieille Angleterre. De là on rejoint, rive gauche, les agences qui proposent des sorties sur le fleuve. On jettera aussi un œil sur le poste de police, reconstruit et rénové en 1908, qui remonte à l'époque de l'esclavage sans qu'on puisse en dater avec exactitude l'origine. Le poste de police servait de prison pour les condamnés de toute la région.

Safari sur la Black River.

LE SUD DU COCKPIT COUNTRY

MIDDLEQUARTERS

Ce village, simple regroupement de quelques maisons au carrefour stratégique des routes entre Black River et Mandeville, est connu dans toute l'île pour ses crevettes. Middlequarters, petit centre de pêche en rivière, n'oublie pas de se signaler à l'attention des automobilistes de passage et de rappeler ce qui fait sa réputation « *You're entering shrimp country* ». Des volutes de fumée s'échappent de petites échoppes de bois qui abritent les chaudrons dans lesquels cuisent, dans une sauce au piment extrêmement relevée, les fameuses crevettes. Les marchandes, assises en petits groupes le long de la route, guettent les véhicules à l'ombre d'un parapluie ou d'un abri de palmes, prêtes à brandir à bout de bras les petits sacs plastiques qui contiennent les crevettes cuites dès qu'un moteur se fait entendre. Attention, pour être sûr de consommer des crevettes fraîches, il est recommandé de s'arrêter aux stands où les crevettes sont en train de cuire plutôt que de les acheter en sachets tout prêts. Ultime conseil d'ami : prévoir une boisson et avoir un morceau de pain à portée de la main avant de déguster cette inoubliable spécialité !

YS FALLS ★

Les chutes YS – prononcer « why-ess » – sont très spectaculaires ; situées aux confins de la Great Morass et sur les contreforts des Nassau Mountains, dans un cadre naturel et sauvage, elles sont volontairement préservées d'une surexploitation touristique qui risquerait d'en dénaturer la beauté. L'origine du nom YS, le plus court de la Jamaïque, est très controversée. Certains rappellent une origine gaélique, adaptation du mot « *wyess* » qui signifie « enrouler » ou « tordre ». D'autres font remonter l'origine de ce nom, pour le moins énigmatique, à l'année 1634, quand le colonel Richard Scott et son associé John Yates ont acquis la propriété. Ils marquaient les flancs de leurs bêtes et sacs de sucre qu'ils exportaient des lettres YS en retenant les initiales de leurs deux noms. C'est ainsi que l'exploitation était désignée dans la région. Au fil des ans, la propriété a changé de mains de nombreuses fois pour être déclarée en faillite en 1832, et placée sous la juridiction de l'Etat à Londres. En 1837, un Jamaïcain, John Browne, le grand-oncle de l'actuel propriétaire, fit un voyage à Londres pour y acquérir une propriété. Il fut conquis par ce domaine de 1 200 ha à cause de la rivière qui le traverse. Plantation de canne à sucre, élevage de bovins, exploitation du bois, ses activités étaient multiples. Peu à peu, des parcelles ont été vendues et l'immense propriété s'est réduite à sa taille actuelle, toujours respectable, d'un millier d'hectares. On a continué à y produire de la canne à sucre jusque dans les années 1960. Aujourd'hui, la ferme s'est spécialisée dans l'élevage de vaches laitières et de chevaux de course.

Une plantation de papayers dont les fruits sont destinés à l'exportation occupe une grande partie du terrain. Ce n'est qu'à la fin des années 1980 que les YS Falls ont reçu la visite des premiers touristes. De nos jours, les abords des chutes sont conçus pour accueillir de nombreux visiteurs. Il y a donc souvent une forte affluence surtout durant les pics saisonniers. Par conséquent, il faudra être patient pour avoir le privilège et le bonheur de se baigner au calme dans les courant frais.

YS FALLS ★★

✆ +1 876 997 6360 – ysfalls.com

Un endroit paradisiaque constitué de cascades et de 3 piscines d'eau minérale naturelle, situé sur l'une des plus anciennes plantations de l'île. Pour atteindre les chutes, on traverse la propriété en tracteur avec remorque le long de la rivière dans une végétation touffue (comptez 20 minutes). Une petite marche mène à la cascade principale. Des piscines naturelles invitent à la baignade. Une zipline proposée ici par Chukka est un must à faire ici. Un parcours d'accrobranche dans la canopée est possible en famille en option. Restaurants sur place.

© PAUL CARTER PHOTOGRAPHY – SHUTTERSTOCK.COM

Bamboo Avenue.

BAMBOO AVENUE ★

Entre Holland et Lacovia (axe principal pour rallier YS Falls et la rhumerie d'Appleton Estate). Vieux de plus d'un siècle et amoureusement entretenus, les bambous s'inclinent gracieusement pour former une arche verte harmonieuse et fraîche sous laquelle court la route. Connus sous le nom de Bamboo Avenue, les 2 km de tunnel vert sont bien une merveille de la nature, même si la main du jardinier appliqué n'est pas tout à fait étrangère à l'ordonnancement rigoureux des bouquets de bambou. On s'en voudrait de quitter l'île sans avoir frissonné sous le dais vert de l'allée la plus célèbre du pays qui inspire bon nombre d'artistes-peintres. Une halte pour touristes a été judicieusement aménagée au milieu de l'avenue verte. N'hésitez pas à vous arrêter pour prendre un verre et des photographies qui immortaliseront ce fleuron de l'itinéraire du Sud.

APPLETON ESTATE

Nichée dans la fertile vallée de Nassau, cette distillerie de rhum est la plus célèbre de la Jamaïque. Ici, on a le sens du tourisme et Appleton est inscrit au programme des agences de tourisme de toute l'île. Quand le train fonctionnait encore sur l'île, il desservait Appleton depuis Montego Bay (55 km, 1h30 de conduite). Appleton est une plantation qui fonctionne depuis deux siècles et demi, la plus ancienne sans doute de l'île. Dès 1749, on y fabrique du sucre et, en 1755, la plantation apparaît pour la première fois sur les cartes de l'île sous le nom de

© CHLOÉ OBARA

La rhumerie Appleton Estate.

Dickinson, du nom des descendants d'un des premiers colons anglais de l'île, qui a participé à la prise de l'île et à la défaite des Espagnols. La plantation restera dans la famille jusqu'en 1871 pour être ensuite revendue et devenir le centre de production le plus important du groupe Wray and Nephew. On découvrira dans la propriété un vieux pressoir à canne, actionné par un âne, qui témoigne des méthodes de travail d'un autre temps. Juste le temps pour les touristes d'immortaliser l'âne sur une pellicule et l'on vous entraîne au cœur de l'énorme usine, la distillerie aux équipements les plus modernes de l'île. Elle se visite partiellement grâce à des petites passerelles métalliques aménagées autour des cuves. On visitera également l'entrepôt de vieillissement du rhum, avant de clore la visite par l'inévitable dégustation et un détour par la boutique. La propriété de 4 600 ha emploie 950 personnes et produit du sucre et du rhum depuis 1749. Elle a été achetée par les actuels opérateurs, Wray and Nephew, en 1916. La canne qui pousse sur environ 1 500 ha donne 16 000 tonnes de sucre et 10 millions de litres de rhum par an. Longtemps réservé au marché interne, le rhum Appleton est désormais commercialisé dans plus de soixante pays, et on le trouve dans tous les supermarchés de Jamaïque. Au-delà de Appleton Estate, la route continue jusqu'à Mandeville en passant par Balaclava.

■ WINDSOR CAVES ★★

Au cœur de l'inextricable Cockpit Country, connues des spéléologues jamaïcains, les grottes de Windsor sont peu fréquentées. Il est déconseillé de s'y aventurer seul, d'ailleurs aux abords des grottes, des Jamaïcains équipés de lampes et connaissant le dédale de galeries se proposent de vous guider. S'enfonçant profondément dans la terre, les grottes, certaines aux dimensions impressionnantes, se succèdent sur plus d'un kilomètre, habitées par des colonies de chauve-souris (plus de 50 000 !), dans un labyrinthe de stalagmites et stalactites.

ACCOMPONG ★

Prendre la route de Magotty, à 9 km de Middlequarters, puis une piste d'une dizaine de kilomètres conduit à Accompong via Whitehall. Ce village perdu dans les contreforts de Cockpit Country est l'un des derniers bastions des descendants des Marrons. Le village a été établi en 1739, conformément au traité de paix qui mettait fin aux hostilités entre les anciens esclaves rebelles et les autorités anglaises, et qui garantissaient aux Marrons une semi-autonomie. Il porte le nom d'un des chefs de la rébellion des esclaves marrons, le frère du célèbre leader Cudjoe. Accompong est aujourd'hui l'un des rares villages issus de cette époque qui conserve encore un statut administratif à part. Le colonel est traditionnellement le chef de la communauté. Elu pour cinq ans, il fait autorité sur les affaires purement locales.

La communauté est composée de petits fermiers qui exploitent les terres cédées aux Marrons à l'issue du traité et sur lesquelles ils ne paient pas de taxes à l'Etat. Bien peu subsiste des traditions de vie venues de l'Afrique de l'Ouest avec les bateaux d'esclaves. L'exode de la population jeune vers les grandes villes côtières ou la capitale en est souvent responsable. La langue des Comorantees s'est perdue avec le temps, seules quelques bribes de médecine naturelle traditionnelle ont passé l'épreuve du temps et quelques rites religieux perdurent. Le tourisme est ici aussi une manne bienvenue pour l'économie de la communauté et a suscité quelques initiatives de nature à préserver cette identité culturelle. Chaque année, le 6 janvier, un festival commémore la date du traité qui assurait la liberté aux Marrons : musiques traditionnelles et actuelles, danses, buffets... Les touristes accourent pour assister à l'une des dernières manifestations issues des racines historiques et culturelles des Marrons.

- **Autres points d'intérêt,** une modeste église presbytérienne, un petit square et un monument à la mémoire du colonel Cudjoe.
- **A l'écart du village,** on peut découvrir la grotte de la Paix où fut signé le traité entre Anglais et Marrons. Le plus intéressant reste d'obtenir un entretien avec le colonel qui, outre l'histoire ancienne de la communauté, en raconte l'actualité. Cependant, un tel entretien est difficile à organiser et mieux vaut passer par l'intermédiaire d'une agence de tourisme (Latitude Jamaica par exemple).

À L'EST DE BLACK RIVER

TREASURE BEACH ★★

La route qui mène à Treasure Beach, ponctuée de petites fermes où somnolent quelques bêtes dans des enclos cernés de barrières en bois, vous entraînera dans un paysage aride et sauvage, caractéristique de cette partie de l'île. Cette région est la plus sèche du pays et la nature luxuriante cède ici la place à une végétation plus rare où les cactus géants remplacent les cocotiers. Au terme de

Lover's leap.

cette traversée, Treasure Beach : pas une agglomération, pas même un village au sens strict du terme. Les maisons s'égrènent le long de la côte, parfois rassemblées en hameaux, le plus souvent dispersées et isolées, perdues en bout de pistes caillouteuses. Treasure Beach, un nom comme une promesse, on n'est pas déçu : c'est une véritable oasis de sérénité et de calme. Les plages sont d'une beauté sauvage et sereine. La côte est découpée d'anses profondes et de hautes falaises, la mer parfois violente, la nature peu domestiquée. Ici, le temps s'arrête, la vie s'écoule au ralenti, au rythme de la course du soleil, de la nature, dans une harmonie et une sérénité, toutes naturelles. L'endroit se compose d'une succession de plusieurs baies, bordées de plages et séparées par des promontoires rocheux. D'est en ouest, se succèdent Great Bay, Calabash Bay, Frenchman's Bay et Billy Bay ; Calabash et Frenchman constituant le cœur de Treasure Beach.

LOVER'S LEAP ★★

Southfield

✆ +1 876 870 0895

Du haut de ses 510 m, la falaise « du saut des amoureux » domine toute la région. Elle doit son nom à une légende, chantée en reggae par Bim Sherman. Monsieur Chardley était éperdument amoureux de sa jeune esclave, mais celle-ci lui préférait un bel esclave appartenant à une plantation voisine. Ils nouèrent une tendre relation à son insu. Lorsque Monsieur Chardley apprit la liaison des tourtereaux, il devint fou de douleur et fit tout pour les mener à la rupture. Mais les liens du jeune couple n'en devinrent que plus forts. Fou de jalousie, il menaça le jeune homme de mort, mais le couple poursuivit secrètement sa relation. Lors d'un rendez-vous nocturne sur les flancs de la falaise, dans un recoin qui leur servait de nid d'amour secret, les amants furent surpris par le vieux M. Chardley qui les avait suivis.

VISITE

Se voyant découverts, ils décidèrent de se donner la mort plutôt que d'avoir à souffrir d'une séparation et de représailles. Enlacés, ils sautèrent du haut de la falaise dans la mer. La légende dit qu'un rayon de lune les recueillit et les transporta dans un lieu où ils purent vivre paisiblement leur amour. Aujourd'hui le bar-restaurant avec terrasse qui s'y trouve offre un somptueux panorama. La mer déploie à perte de vue des eaux parfois agitées sur une côte découpée. Le phare se visite. La semaine est animée : dominos le mercredi, karaoké le vendredi, concert le dimanche... Pour s'y rendre, prendre un taxi à Treasure Beach direction Junction jusqu'à Southfield (200/300 JMD) et continuer à pied 30 minutes.

MANDEVILLE

Située à une altitude qui lui assure un climat sain et frais, Mandeville est rapidement devenue à la période coloniale une villégiature pour riches colons et expatriés. La communauté britannique l'avait d'ailleurs consacrée station de montagne du pays. C'est ainsi que s'est développée cette architecture traditionnelle anglaise dont témoignent encore le square central et l'hôtel de justice. La ville peut s'enorgueillir de posséder le plus vieux terrain de golf des Caraïbes. Bourgade de province bien tranquille, loin du tohu-bohu de la côte, elle est à l'écart des itinéraires touristiques. L'agglomération est étendue, les quartiers résidentiels composés exclusivement de maisons individuelles partent à l'assaut des collines environnantes. Le centre-ville se réduit à un mouchoir de poche, concentré autour du square, le Cecil Charlton Park, encadré de bâtiments municipaux et du marché. Au nord se trouve l'imposant tribunal de style géorgien. Au sud, l'église paroissiale date de la même époque, du XIXe siècle. A l'ouest du parc s'élèvent deux théâtres, l'Odéon et le Tudor.

JAMAICA STANDARD PRODUCTS COMPANY

Main road
Williamsfield, à 2 km du centre-ville
✆ +1 876 963 4211
islandbluecoffee.com
admin@jspcoffee.com

Si l'usine ne paie pas de mine, c'est pourtant ici qu'on fabrique l'un des meilleurs cafés du monde, le Blue Mountains Coffee, à partir des grains cueillis un à un selon des règles rigoureuses dans les hautes montagnes jamaïcaines situées au centre de l'île. Les journées consacrées à la torréfaction sont les plus intéressantes, car on peut assister au processus complet de la fabrication du café. Un modeste stand de vente propose le café d'appellation contrôlée Blue Mountains à un prix bien plus intéressant que celui des supermarchés, un bon plan. Nous vous conseillons de téléphoner pour prévenir de votre visite, en évitant ainsi les fermetures de fins de mois consacrés aux inventaires. Créée à Kingston le 17 septembre 1942 par Leslie Minott, la compagnie a commencé par exporter des épices jamaïcaines vers la Grande-Bretagne et les Etats-Unis. Pendant les années de guerre, les exportations suspendues, la société se tourne vers l'embouteillage de sirop. En 1943, le fondateur décide de s'établir à Mandeville et démarre la production d'huile de pimento qu'il va exporter vers l'Europe et ses industries du parfum. La production de café ne démarre qu'en

1952, à l'occasion du boom des cours internationaux. La Jamaican Standard Products est aujourd'hui la plus grosse entreprise du pays pour la production de café avec 45 % de la production exportée. Au plus fort de la saison, pendant la période de la cueillette, la société emploie quelque 450 personnes.

■ MARSHALL'S PEN

Mike town Road
✆ +1 876 877 7335
annsuttonja.com
asutton@cwjamaica.com
Une visite pour les passionnés qui aiment se perdre. C'est Ann M. Haynes-Sutton Ph.D., propriétaire, gérante de Marshall's Pen et écologiste, qui vous recevra. C'est vrai qu'il est difficile à trouver ce Marshall's Pen, mais si vous prenez la précaution de demander « la maison du vieux M. Sutton », vous comprendrez vite qu'ici tout le monde connaît et vous finirez par arriver aux colonnes de pierres qui marquent les limites de la propriété, distante de 5 km du centre-ville de Mandeville. Autrefois terre du comte de Balcarres, gouverneur de l'île de 1795 à 1801, l'exploitation s'étendait sur plus de 1 600 ha mais s'est réduite depuis à moins de 10% de sa surface. L'ancienne plantation ne produit de café que pour sa propre consommation. Et les 120 hectares restants sont aujourd'hui consacrés à l'élevage de quelque 200 têtes de bétail. Le fils du propriétaire, Robert Sutton, ornithologiste de renom, et coauteur d'un guide sur les oiseaux de la Jamaïque, *Birds of Jamaica*. A Photographic Field Guide, en a aussi fait une réserve naturelle. Les observateurs d'oiseaux, scientifiques et photographes de tout poil, particulièrement bienvenus et très privilégiés, peuvent bénéficier de logement sur place avec organisation d'excursions à la recherche de l'oiseau rare. En effet, plus d'une centaine d'espèces d'oiseaux ont été répertoriées dans cette réserve familiale, dont 23 des 25 espèces endémiques de l'île. Les amateurs de belles maisons admireront cette fastueuse demeure coloniale, aux parfums de campagne anglaise.

■ ST. MARKS PARISH CHURCH

On franchit un jardin coquet avant d'atteindre la lourde porte de bois de cette église construite en 1820. A l'extérieur se déploie le cimetière de Mandeville où les tombes des éminents citoyens des siècles passés côtoient celles de soldats anglais n'ayant pas réchappé d'une sévère épidémie de fièvre jaune. Le dimanche, l'église reçoit les fidèles en grande tenue, robes en dentelle ou volantes et chapeaux enrubannés pour les dames, costumes noirs stricts et cravates pour les messieurs. Les chants religieux résonnent bien au-delà de l'enceinte de l'église.

■ SWA CRAFT CENTER

7 North Crescent
Le Soroptimist Women's Auxiliary est un centre artisanal fondé par les dames patronnesses de l'église Saint Mark, a une devise éloquente : *Dieu donne aux oiseaux leur nourriture, mais ils doivent voler pour l'obtenir.* Il a pour objectif d'offrir une formation et un emploi de courte durée à des jeunes femmes dans le besoin. Le gift shop de l'atelier propose des produits artisanaux, de la pâtisserie, des travaux d'aiguilles et de crochet. La création la plus célèbre de l'atelier est Jah Clarence, une poupée de chiffon rasta, et sa femme Queen Clarice.

CHRISTIANA

Christiana est la bourgade la plus importante de la partie orientale de la Central Range, une région peu élevée à l'habitat dispersé. Le village se trouve à 18 km de Mandeville, sur une élévation naturelle dont le climat très frais (la température nocturne peut descendre à 6 °C) et la végétation ne rappellent en rien les tropiques. On s'imaginerait volontiers sous d'autres latitudes, dans les contreforts des montagnes de climats tempérés. Le climat très sain de Christiana en fait une villégiature agréable. La région a développé une agriculture riche et variée. L'architecture est ici moins tropicale et prend parfois des airs franchement britanniques. La bourgade s'enorgueillit d'églises moraviennes au style architectural simple et typique du siècle dernier, toutes de pierres grises et toits d'ardoise avec des jolies horloges naïves. Les plus belles églises sont celle de Bethany, de Zorn et de Mizpah. Perchées au sommet de petites collines, elles sont en parfait état et accueillent régulièrement des services. Pour les visiter, le moyen le plus sûr est de s'adresser à Monica Zijdemans, la propriétaire de l'hôtel Villa Bella.

Le marché est actif du jeudi au samedi, les fermiers des environs déchargent leur cargaison de légumes et de fruits, mais ce sont les femmes qui tiennent les stands et négocient les prix.

- **Le 24 décembre, on célèbre Johnkanoo, une fête d'origine africaine.** Des personnages costumés et masqués défilent au rythme de danses traditionnelles. Les artisans et les fermiers des environs envahissent la petite bourgade. On y organise un grand marché nocturne, la principale attraction, avec ses produits artisanaux et les traditionnelles denrées alimentaires. Les rues sont fermées au trafic et l'on danse dans les rues tard dans la nuit, jusqu'au petit matin.

- **Le reste du temps,** la vie nocturne de Christiana est réduite au minimum. Dans cette petite communauté de fermiers, on se lève très tôt et l'on se couche avec le soleil ou presque.

DYKE HILL & LOW WOODS

Située peu après Spaldings sur la route de Grantham, Dyke Hill n'est autre qu'une colline, mais quelle colline ! Un mont qui se distingue des autres parce qu'il les domine à 360 degrés et donne l'impression, quand on y a grimpé, d'être sur le toit de la Jamaïque rurale, face à un éparpillement de monts et vaux, d'habitats dispersés, et de petites parcelles aux mille nuances de verts. Dyke Hill se présente elle-même comme une fourmilière de parcelles que se partagent quelques fermettes isolées qui y cultivent ignames en rangs serrés, choux, oranges, pamplemousses, et toutes sortes de fruits et légumes jamaïcains. L'excursion s'avère être une bonne excuse pour un pique-nique à l'ombre des quelques manguiers du sommet.

Non loin de là, plus bas dans la vallée, le lieu-dit de Low Woods est la rivière rêvée pour un bain rafraîchissant en fin d'une chaude après-midi. Excursion idéale pour découvrir le monde rural du centre de la Jamaïque et connaître son potager sur le bout de doigts.

JUNCTION

Impossible de mieux porter son nom : ce gros bourg est le carrefour obliga-

Alligator Pond.

toire entre les routes de Mandeville, Treasure Beach et Alligator Pond. Rien de très esthétique dans ces immeubles qui abritent des commerces, des supermarchés ou des garages. Mais on y trouve de tout et c'est l'occasion de se ravitailler.

ALLIGATOR POND ⭐

Depuis Mandeville, prendre la route de Black River, puis à Gutters, tourner à gauche en direction de la côte. On peut aussi arriver à Alligator Pond par Treasure Beach et la route de Southfield. Enclavé entre deux massifs montagneux, à l'écart des grands axes de communication, le petit village de pêcheurs se trouve au bout d'une route poussiéreuse qui se termine en piste. La bourgade est restée traditionnelle et l'on y respire l'air d'une autre époque. Les maisons de bois primitives sont construites juste en retrait de la plage, les pirogues de bois peintes de couleurs vives sont tirées sur le sable à l'abri des vagues, les filets de pêche ravaudés par les plus âgés séchant au soleil. Un terre-plein central poussiéreux tient lieu de centre du village.

Quelques bâtiments plus solides encadrent cette place. Quelques taxis collectifs fatigués attendent de faire le plein de voyageurs pour partir sur Mandeville. Quelques boutiques, une épicerie, un bazar, et un marché à ciel ouvert où les marchandises sont disposées à même le sol sur des feuilles de plastique pour tous commerces.

Toute l'activité du village se concentre autour de la plage, le matin à l'arrivée des bateaux de pêche. Les équipages débarquent exténués les prises du jour, poissons, coquillages, langoustes, crabes, araignées, etc., et les transvasent dans des paniers ou des seaux pour les vendre dans une cohue indescriptible de cris, d'appels et d'injonctions en patwa.

Petit à petit, le marché s'organise, des cercles étroits se forment autour des récipients, où se côtoient les acheteurs des coopératives, les grossistes et les restaurateurs venus parfois de loin. Les négociations et les transactions démarrent. On s'arrache les quelques touristes qui, peu avertis des prix, constituent une clientèle de choix. Le visiteur pourra alors choisir sa langouste ou son crabe. Le vendeur inclut dans son prix les services d'une échoppe voisine, un peu à l'écart de la plage, où le client peut déguster son achat accommodé selon ses goûts et arrosé d'une bière bien fraîche. Alligator Pond est une plage très fréquentée par les habitants de Mandeville. Ils débarquent en rangs serrés en soirée ou les fins de semaine pour venir y déguster en bande du poisson grillé, bercé par le ressac de la mer, sous un ciel scintillant. Les restaurants de fortune, des petites guérites de bois et de palme, ne manquent pas, regroupés à proximité du centre du village en bordure de la plage. L'institution locale s'appelle Little Ochie, dont la renommée n'est plus à faire.

A l'ouest d'Alligator Pond se trouvent les quais de Port Kaiser, à l'abri de hauts grillages de fer et bien gardés depuis de petites guérites en dur. Propriété privée de la Kaiser Bauxite Company, le port sert à l'embarquement du produit de l'extraction minière sur d'énormes bâtiments qui croisent au large et partent vers l'Amérique. Ici aboutit une ligne de chemin de fer privée qui permet d'acheminer la bauxite depuis les mines. Tout autour se déploient installations de la compagnie, terrains de sports et unités d'habitation.

MILK RIVER BATH

La route entre Alligator Pond et Milk River Bath est particulièrement belle. Très peu fréquentée, l'ancienne piste d'une trentaine de kilomètres a cédé la place à une étroite route bitumée qui serpente dans un décor quasi désertique, entre une mer turquoise bordée de cocoteraies et les collines à la végétation rare des May Day Mounts, qui culminent à Rose Hill (845 m). A une quinzaine de kilomètres d'Alligator Pond, on dépasse la réserve naturelle d'Alligator Hole, à la hauteur de la rivière et de la vallée de Canoe. Des éléphants de mer et des crocodiles habitent l'endroit, mais il faudra vous armer de beaucoup de patience pour pouvoir les observer, d'autant plus que les balades en bateau sur la rivière ne sont plus assurées. Les sources d'eau chaude sont en effet la principale attraction. Au-delà des bains, la route se transforme en une piste poussiéreuse qui finit face à la mer, 3 km plus loin, à Farquhars Beach, un modeste village de pêcheurs. De rudimentaires baraques en bois s'égrènent le long de la route, quelques échoppes tiennent lieu de boutiques, les pirogues colorées sont tirées sur le sable, et la vie s'écoule paisiblement. Ne soyez pas surpris si les enfants vous dévisagent de façon un tantinet appuyée : les touristes sont rares dans le coin !

MAY PEN ET OLD HARBOUR BAY

La paroisse de Clarendon n'a rien à offrir en matière de tourisme. La traversée de cette grosse agglomération bourdonnante d'activité, où pétaradent moteurs et klaxons, est difficile.

PENSE FUTÉ

Les YS Falls.

PENSE FUTÉ

Argent

Monnaie. La monnaie est le dollar jamaïcain (JMD). Le dollar US (US$) est également très utilisé, surtout dans les zones touristiques, mais accepté partout.

Taux de change. 1 € = 155,9 JMD (juin 2023) ; 1 000 JMD = 6 €.

Coût de la vie. Les prix dans les supermarchés, boutiques de souvenirs ou restaurants aux standards internationaux sont généralement comparables ou même supérieurs à ceux pratiqués en France.

Moyens de paiement. Il est recommandé de régler ses achats de préférence en dollars jamaïcains, que vous pouvez retirer dans des distributeurs automatiques de billets. Prévoyez d'avoir du liquide lorsque vous vous rendez dans les zones rurales, où on ne trouve pas toujours de banques avec distributeur

Marchandage. Les prix sont presque toujours affichés dans les restaurants, donc pas de négociation ici. Par contre, il faut s'habituer à discuter les prix en général (taxis, souvenirs, etc.).

Pourboires. Un pourboire est toujours apprécié mais, dans le cas d'une taxe de service, on pourra s'en dispenser.

Bagages

Quelle que soit la saison, il fait chaud en Jamaïque. Emportez des shorts, des T-shirts et des chemises à manches courtes, ainsi que des chaussures légères et respirantes. N'oubliez pas un vêtement de pluie ou un petit parapluie, si vous comptez explorer la région de Portland et des Blue Mountains. Pour

© AJLATAN – SHUTTERSTOCK.COM

La Jamaïque offre des températures clémentes et agréables.

FAIRE / NE PAS FAIRE

- **La Jamaïque s'appréhende avec douceur, patience, tact et humour.** Il est nécessaire de se débrouiller en anglais – ou mieux encore en patois – puisque personne ou presque ne parle le français.
- **Rappelez-vous que vous êtes en vacances, donc pas pressés, et faites preuve de patience ;** vous gagnerez du temps. La vie s'écoule paisiblement sur cette terre tropicale.
- **Demander le prix d'un produit ou d'un service, si celui-ci n'est pas indiqué.** Et le négocier. Si vous connaissez les prix, faites-le savoir. Autrement, vous risquez de vous retrouver dans des situations difficiles. Ainsi, si vous connaissez le prix d'un trajet en taxi dont la valeur est de 300 JMD, n'omettez pas de le dire avant de partir. Ce réflexe vous évitera des situations fâcheuses à l'arrivée.
- **Il est impératif de demander la permission avant de prendre en photo des personnes ou des objets.**
- **La Jamaïque a dépénalisé la consommation et la possession de ganja en février 2015.** Néanmoins si vous devez vous essayer à cette fumeuse spécialité nationale, allumez votre spliff dans un lieu privé, et non dans la rue ou sur les plages.

les régions centrales à altitude moyenne, prévoyez un sweat-shirt, un pull léger ou un blouson d'été pour les soirées qui sont souvent fraîches, mais jamais froides. Pour des randonnées dans les Blue Mountains, prévoyez au moins une paire de chaussures de marche et un ou deux pulls légers.

Électricité

Les prises américaines ont cours ici. Pensez à prendre un adaptateur.

Formalités

Pour les Français, aucun visa n'est demandé pour les séjours de 30 jours ou moins. Il suffit de produire un passeport valable 6 mois après votre retour de la Jamaïque. Un visa est nécessaire pour un séjour de plus de 30 jours, ou pour un séjour d'affaires.

Langues parlées

L'anglais est la langue officielle mais le patwa, aussi appelé créole jamaïcain, reste la langue nationale. La plupart des insulaires utilisent cette langue pour leurs échanges courants, mais s'adressent volontiers en anglais aux étrangers.

Quand partir ?

Mieux vaut éviter la saison des cyclones qui, comme partout ailleurs dans les Caraïbes, a cours entre août et octobre. La haute saison touristique s'étend d'octobre à avril.

Santé

Il n'y a pas de risques sanitaires majeurs en Jamaïque. Craindre au pire une insolation ou des piqûres de moustique !

Sécurité

Criminalité. C'est en grande partie à la violence des ghettos de Kingston que la Jamaïque doit son taux de criminalité élevé. Les armes y sont monnaie courante, et si on ajoute à cela le trafic de drogue et les querelles politiques entre gangs, on arrive à des taux d'homicides records.

- **Drogue.** La possession de drogue a été dépénalisée en 2015, alors qu'elle était auparavant considérée comme un crime. Aujourd'hui, on peut donc se balader avec des petites quantités de ganja – dans un pays où sa consommation est usuelle. Les habitants pourront désormais détenir un peu moins de 57 grammes sans que cela soit considéré comme une infraction criminelle. Officiellement, la marijuana pourra aussi être utilisée dans un contexte religieux en toute légalité par les membres du mouvement rastafari, et les touristes munis d'ordonnances seront autorisés à en acheter de petites quantités.

- **Voyageur handicapé.** La Jamaïque est encore loin de répondre à toutes les normes concernant les personnes handicapées. A part les beaux hôtels de charme qui possèdent des ascenseurs et des rampes d'accès, la plupart des établissements de l'île ne sont pas encore au point.

- **Voyageur gay ou lesbien.** La Jamaïque est malheureusement un pays où l'homophobie est courante. Il s'agit donc pour les couples gay de ne pas se livrer à des effusions en public, car l'homosexualité est encore passible de peines de prison dans le pays.

- **Voyager avec des enfants.** Pour voyager avec des enfants, pas de souci majeur. On préférera la location d'un véhicule (avec ou sans chauffeur) à l'utilisation des transports en commun, souvent surchargés. L'eau du robinet est potable et les conditions sanitaires sont bonnes. Prévoir un bon anti-moustique et des chapeaux.

- **Femme seule.** Les Jamaïcains sont généralement polis et courtois. Ainsi, une femme voyageant seule se verra souvent interpellée en des termes flatteurs (empress, princess, queen, sista, etc.). Malgré tout, il faudra se méfier de certaines propositions, surtout dans les grands centres touristiques comme Negril et Montego Bay, où le concept de « gigolo rasta » est largement développé. Pour le reste, une vigilance le soir dans les grandes villes et un minimum de prudence et de bon sens lors de déplacements nocturnes.

Téléphone

- **Vers la Jamaïque depuis la France** : + 1 876 suivi du numéro local à 7 chiffres. Exemple : + 1 876 123 4567.

- **Vers la France depuis la Jamaïque :** + 33 suivi du numéro français sans le 0 initial. Exemple, de Kingston à Bordeaux : + 33 5 12 34 56 78.

INDEX

A

B

C

D

© CHLOÉ OBARA

La côte déchiquetée du côté de West End.

E

F

G

H

I

J

K

L

M

N

EDITION

Directeurs de collection et auteurs : Dominique AUZIAS et Jean-Paul LABOURDETTE

Auteurs : Baptiste THARREAU, Antoine RICHARD, Jean-Paul LABOURDETTE, Dominique AUZIAS et alter

Directeur Editorial : Stéphan SZEREMETA

Rédaction Monde : Laure CHATAIGNON, Morgane VESLIN, Pierre-Yves SOUCHET, Natalia COLLIER, Julie BEZ

Rédaction France : Briséis TEMPLE-BOYER, Audrey VEDOVOTTO, Marie VIGNERON, Nicolas WODARCZAK, Mélanie PEILLET

FABRICATION

Maquette et Montage : Romain AUDREN, Julie BORDES, Delphine PAGANO

Iconographie et Cartographie : Anne DIOT, Julien DOUCET

WEB ET NUMERIQUE

Directeur Web : Louis GENEAU de LAMARLIERE

Technical Project Manager : Hervé MARION

Développeurs : Guillaume BARBET, Adeline CAUX

Intégrateur Web : Mickael LATTES, Antoine DION

Webdesigner : Caroline LAFFAITEUR

Community Traffic Manager : Alice BARBIER, Noémie LE SAUX

Content Manager : Aliénor de PERIER

DIRECTION COMMERCIALE

Directeur commercial : Guillaume VORBURGER

Coordinatrice des Régies commerciales : Manon GUERIN

Account Manager Marketplace : Leila ROUGEOT

Responsable Régies locales : Michel GRANSEIGNE

Responsables Développement régie inter : Jean-Marc FARAGUET, Guillaume LABOUREUR et Camille ESMIEU

Assistante commerciale Régie internationale : Leila ANTRI-BOUZAR

Chefs de Publicité Régie nationale : Caroline AUBRY, François BRIANCON-MARJOLLET, Perrine DE CARNE MARCEIN, Jonathan TOUTOUX

DIFFUSION ET PROMOTION

Directrice des Ventes : Bénédicte MOULET assistée d'Aissatou DIOP

Responsable des ventes : Jean-Pierre GHEZ assisté de Nelly BRION

Relations Presse-Partenariats : Jean-Mary MARCHAL

ADMINISTRATION

Président : Jean-Paul LABOURDETTE

Directrice des Ressources Humaines : Dina BOURDEAU assistée de Sandra DOS REIS et Eva BAELEN

Directrice Administrative et Financière : Valérie DECOTTIGNIES

Comptabilité : Guillaume PETIT, Aminata BAGAYOKO, Jeannine DEMIRDJIAN et Adama DIABY

Recouvrement : Fabien BONNAN assisté de Sandra BRIJLALL

Responsable informatique : Elie NZUZI-LEBA

CARNET DE VOYAGE JAMAÏQUE

LES NOUVELLES EDITIONS DE L'UNIVERSITE
18, rue des Volontaires - 75015 Paris.
✆ 01 53 69 70 00 - Fax 01 42 73 15 24
Internet : www.petitfute.com
SAS au capital de 1 000 000€ - RC PARIS B 309 769 966
Couverture : Rafting sur la rivière Martha Brae en Jamaïque
© toya1970 - Shutterstock.com
Impression : IMPRIMERIE CHIRAT - 42540 Saint-Just-la-Pendue
Achevé d'imprimer : août 2023
Dépôt légal : 03/09/2023
ISBN : 9782305100074

Pour nous contacter par email, indiquez le nom de famille en minuscule suivi de @petitfute.com
Pour le courrier des lecteurs : info@petitfute.com

IMPRIMÉ EN FRANCE

PEFC™ 10-31-1895
Certifié PEFC
Ce produit est issu de forêts gérées durablement et de sources contrôlées.
pefc-france.org